性交哲学

セックスのこと、いろいろ考えよう！
男と女のコミュニケーション術

婚活コンサルタント
天川夢太［著］

日本地域社会研究所

コミュニティ・ブックス

はじめに

はじめまして。日本のハメス・ロドリゲス、またの名を、ラプソディー陰部こと天川夢太、ゆめちゃんです。

本書は、女性経験が少なく自分に自信が持てない人、いざセックス（挿入）しようとするとなぜか萎えてしまう人、純粋にモテたいという欲求が強い人、合コンやキャバクラなどで結果を出したいというモチベーションの高い人、とにかく女性を口説き落としたいというエロガッパ、人生を楽しく過ごしたい快楽主義者の方々を対象としています。

僕は今までいろいろな経験をしてきました。精神的にも肉体的にも特に辛かったのは、高校1年の夏休み。多くの人が開放的になり童貞を捨てるタイミングを迎えるとき、ＥＤ（インポ）になったことです。完全なＥＤなら諦めがつきますが、僕の場合、興奮するとちゃんと勃起はするのですが、なぜか挿入する直前になると萎えてしまうという症状でした。

セックスするチャンスは思いのほかたくさんありましたが、そのたびに、挿入直前に萎えてしまい、最後までできずに終わってしまうため、自分だけではなく、相手にも気まずい思いをさせてしまうことから、かなり精神的に追い込まれました。

結果的には、無事にEDから抜け出すことができましたが、その後もいろいろな経験をすることとなりました。自分の精子が滅亡の危機を迎えたり、目の前で脱糞されたり、独身だと思っていた女性の旦那から脅されたり、朝起きたら隣に黒人がいたりと、普通の人よりもたくさんの経験をしてきました。

本書は、その経験の中から、皆さんにとってプラスになるであろう、役に立つ情報やノウハウをまとめました。それらを実践することによって、女性とベッドインする確率を上げる、出会ってからベッドインまでの期間を大幅に短縮することが可能になります。そして結果を出し続けることによって、男性として自信に満ちあふれます。それにより、さらにモテる機会が多くなると思います。

僕は、そんな自信に満ちあふれた、キラキラ輝く男性をたくさん増やしていきたいと思っています。

出版の目的は、実はそれだけではありません。この本を読んでくれる人に、とにかく「おもしろい」と思ってもらいたい、とにかくたくさん笑ってほしい、つらいときや落ち込んでいるときに、この本の内容を思い出すだけで「あーホントくだらねぇ」とか「そういえばアホな奴がいたな」というように、「悩んでいるだけでは意味ないし、また明日からがんばろう！」と、前向きな気持ちになってもらいたい。そう思って書きました。少しでも多くの人に、楽しい気持ちになってもらえたらうれしいと思っています。

とはいえ、本書はいきなり目を覆うような下ネタや卑猥な表現ばかりなので、それらが苦手な人は、読まずにブン投げて捨ててくださいね（笑）。

天川夢太　自己紹介

▼ニックネーム
国内：ラプソディー陰部
海外：日本のハメス・ロドリゲス

▼出身地
母なる陰部

▼趣味
とにかくチャレンジすること
女性の性的興奮をあおること

▼大好物
自分で作るつまみや料理
ツンデレ・強気・淫らな女性

目次

はじめに …… 2

第一章　無精子からの脱却 …… 11

ストレスと不摂生の怖さ …… 12

パパのちんちんアンパンマン …… 14

ハナビラタケでキンタマ活性化 …… 17

オナニーで気づいた己のポテンシャル …… 21

最近気づいた三つの特殊能力 …… 26

貿易摩擦より怖いバイオテロ …… 29

第二章　これまでの試合を振り返って …… 37

童貞なのに「ヤリチン」と呼ばれた学生時代 …… 38

処女Mとの初試合　～炎の神降臨～ …… 41

ババアだって一人の女性だもの　～無謀な挑戦①～……47
若い淫乱女子は半端ねぇ　～ルール無用の泥仕合～……51
キレイな女医はラストサムライ　～無謀な挑戦②～……58
気持ちよすぎてダッフンダ　～バイリンガル事件簿～……65
血しぶきのラブホテル　～国分町の淫乱娘～……71
中洲はよいとこ一度はおいで　～日本一の地雷原～……77
そして世界へ　～東南アジアで「てれてんてん」～……82

第三章　たった15分で「淫乱」は見極められる……93
何もない山を掘っても金は出ない……94
看護師はエロいはウソ……95
淫乱を見極める方法とは……96
慣れてきたら「数」から「質」に移行しよう……101

第四章　出会ってから最短でヤるためには……103
まずは合コンで成果を出そう……104

狙いめは「愛想のよいブス」……106
結果を出すための心構え……111
傾聴を極めると女が勝手に股を開く……119
モテる男に共通する「コミュニケーション」……123
股をひらくスピードを上げる秘訣……130

第五章　成功して性交したあとの5つの注意事項……137
注意事項①　女と寝ても女と眠るな　情が移る……138
注意事項②　舐める＝愛である……139
注意事項③　1に体力、2に体力、3，4がなくて5に優しさだ……140
注意事項④　愛していると3回言う間に7回交われ……141
注意事項⑤　別れる時はナメクジが這うように1ミリずつ　それが出来ないなら女から別れさせろ……142

おわりに……144

参考文献……146

第一章

無精子からの脱却

ストレスと不摂生の怖さ

ストレスは万病のもと。と、よく耳にしますが、それは事実だということを痛感したことがありました。僕は24歳で結婚したのですが、その当時の妻との価値観の相違により、毎日のように苦しんでいました。それに加えて仕事内容もハードだったため、かなり神経をすり減らしていました。だいたい仕事が終わるのが夜10時前後、そのまま帰宅したくないので、ほぼ毎日、同僚や部下を連れて、日付が変わるまで飲みに行っていました。それらの影響なのか、ついに25歳の秋に体を壊してしまいました。

夫婦生活がうまくいかない理由の一つとして「子どもがなかなかできない」ということがありました。結婚前から「価値観の相違」が原因で言い争いをしていましたが、なぜか僕は「子どもができれば妻が変化するかもしれない」という幻想を抱いていたため、子どもをつくることに積極的でした。排卵日を計算して、計画的に性行為を行なっていましたが、なぜか、子どもはできませんでした。

それからは元妻が不妊治療で病院へ通うようになり、母体には特に異常はみられなかったため、原因は夫側にあるのではないか、という疑惑が浮上しました。当然ながら、僕の状態を見極めるため、病院側へ精子を提供しました。

その結果、世の中の男性と比較して十分の一程度の量の精子しかおらず、活動範囲も四分の一と、妊娠するには非常に厳しい状況だということがわかりました。

労働時間の長さだけではなく、毎日蓄積されたストレス、暴飲暴食、喫煙（毎日平均３箱吸っていました）など、いろいろなことが重なり、僕の体には、ものすごい量のストレスや負荷がかかっていたのだと、あとになって気づきました。

しかし、人工授精をしてまで子どもが欲しいわけではなかったので、自然にできるまで気長に待ってみよう、とりあえずは自分の体を健康な状態に戻そう、という結論に達しました。

自分の精子が壊滅的な状態であることを知ってからは、まずタバコを止めました。それだけでも、だいぶ体調がよくなりました。それから定期的にジョギングをするようになり、食事にも気をつけるようにしました。また、極力、ストレスをため込まないよう、あまり元妻と接点を持たなくていいよう、平日は遅くに帰り、土日や祝日は、趣味のサーフィンをするなど、自分の体だけではなく心のケアにも力を入れました。


それから６年の間に、何度か妊娠と切迫流産を繰り返しましたが、２０１１年の東日本大震災の直後に娘が誕生しました。

予定日よりも一カ月程早い段階で、心肺停止状態で産まれてきました。途中で引っかかってしまい、なかなか出てこなかったため、トイレのスッポンみたいな器具を娘の頭にくっつけて、強引に引っ張り出したことにより、頭が異常な形をしていたので、当時はかなり心配しました。

しばらくの間は保育器の中で過ごしていましたが、特に問題もなく、頭の形も徐々に元に戻りました。9歳になった今も元気に過ごしています。

パパのちんちんアンパンマン

娘が生まれて半年経過した頃から保育園に預けるようになりました。毎朝、保育園へ送り届けるのは僕の仕事でした。

2歳になったある日、いつもより早く元妻は出勤してしまい、まだ保育園へ行く時間まで余裕がありました。しかも、娘はまだ寝ていたので、僕はとりあえず、オナニーすることにしました。

ティッシュ片手に、スマホでお気に入りのエロ動画をオカズにオナニーしていると、突然、後ろから話しかけられました。

娘：パパ、なにやってるの？　そこいたいの？

僕：えっ？　うそ…。どうしたの？　もう起きちゃったの？

娘：パパどうしたの？　いたいの？

僕：う、うん。パパ、ちんちん怪我しちゃったみたいなの。

娘：ちぃでた？

僕：うん。少し血が出ちゃったみたい。

すると、娘は隣の部屋に走っていき、何やらゴソゴソし始めました。そして、今まで使おうとすると拒否するくらいお気に入りだったアンパンマンのバンドエイド、娘にとっては宝物同然のアンパンマンのバンドエイド、アンパンマンとドキンちゃんが笑顔で手を振っている絵が描かれたバンドエイド、そんな彼女にとっての宝物を手に取り、パパの痛いところに貼ってあげると、僕のちんちんに貼ってくれました。

あと少しでイキそうだった僕は、恍惚な表情から一転、驚きと緊張が混じったような表情になり、最後には娘の配慮に慈しむような表情になっていたと思います。秒単位でいろいろな感情が沸き上がったためか、心の中はカオス状態でした。

それから気を取り直して、娘を保育園に連れていきました。その道すがら、娘はパパの役にたったと上機嫌でした。何度も「ありがとう」を伝え、いつもは一枚しかあげないのに、特別に二枚、おせんべいをあげました。保育園に着くと、いつものように笑顔で先生たちのところへ走っていきましたが、その日はひと味違う光景を目の当たりにしました。

先生：おはようー。今日も元気だねー。
娘　：せんせい、きいて！　パパのね、ちんちんアンパンマンなの！（大声でドヤ顔）
先生：えっ。なになに？　パパの？（ちらっと僕

僕　…あっ。えっと、じゃぁ、よろしくお願いしますねー。
（の股間を見る）

おそらくは、パパのお役に立ったという、朝の誇らしい出来事を先生に伝えたかったのでしょうね。怪我したパパのちんちんに、アンパンマンのバンドエイドを貼ってあげた。という内容を端折ると、確かにそうなるのですが。それを聞いた時の先生の表情と視線が今でも忘れられません。

ハナビラタケでキンタマ活性化

ある日、たまたま参加した異業種交流会で知り合った人から、かなりおもしろい人を紹介したいと言われ、HENA免疫学研究所のオーナーを紹介されました。ご本人曰く、農林水産省に出入りしているコンサルタントだそうで、農業に特化したさまざまな特許を取得しているとのことでした。そして、免疫力を高めることによってガンをも治してしまうという素晴らしいサプリメント「さくらハナビラタケ」をつくったという話を伺いました。どうやら人脈のある中国ではある程度売れているようですが、薬事法などが厳しい日本ではまだ販路がないらしく、これからどんどん広げていきたいという相談を受けました。

僕はガンを患っているわけではないので、飲んでもわからないと思いましたが、免疫力を高めることによって、体にいろいろな変化が出てくると説明を受けました。とにかく飲み続けることで一週間から何らかの変化が出始めるとのこと。いつもなら間違いなく、話を持ちかけられた瞬間にフェードアウトするのですが、なぜかその商品に興味を持ってしまったため、とりあえずサンプルをいただいて、試しに一カ月飲んでみることにしました。

半信半疑のまま、毎朝、寝起きに一包飲むようにしたところ、一週間を過ぎたあたりで、ある変化が出始めました。毎朝、7時前後になると痛くて目が覚めるんです。ちんこが。飲み始めて一週間を過ぎたあたりから、毎朝のように怒涛の朝勃を繰り出すようになったのです。破裂寸前でパンパンでした。パンパンなので艶もあり、張りも素晴らしく、それこそアンパンマンのようでした。

それから二週間が経過した頃、よく夢をみるようになりました。夢をみるというよりは、みた夢を覚えている日が多くなった、というのが正しい表現かもしれません。毎朝起きると、どんな夢をみたか覚えているようになり、それから次第に、みた夢の細かいところまで覚えているようになりました。そして最終的には、夢の中で思いのまま自由に動くことができるようになりました。つまり、夢を自分の支配下におくということが可能になったわけです。

それから連日のように、夢の中でエロ放題していた結果、思いっきり夢精してしまいました。35歳を過ぎたおっさんが、毎日のようにエッチな夢をみて、ついには夢の中で「どっくんこ」してしまったわけです。よほどキンタマががんばって精子をつくってくれたのでしょう。

久々の夢精。毎朝、破裂寸前まで膨れ上がった艶やかなちんこ。膨張しすぎて、ぴっかぴかになった亀頭に自分の顔が映ったのをみた瞬間、ちんこのフィジカルが絶頂を迎えた高校2年生の夏を思い出し、恥ずかしさと懐かしさがこみ上げてきたのを、今でも覚えています。

ここまでくると、「さくらハナビラタケ」の効果に興味が尽きません。再度、その人にお会いして詳細を伺うことにしました。するといきなり、「どうだった？　朝すごく元気になったでしょ！」とひとこと。どうやら僕だけではなく、最低でも一カ月以上飲んだ人は年齢に限らず、同じような効果がみられたようです。

継続して摂取することによって、腸が健康になり免疫力が上がり、免疫力が上がると自然と下半身も元気になるようです。免疫力が上がれば、当然、風邪や病気にもなりにくくなりますし、こじらせたとしても回復までの時間が短くて済みます。

僕自身、飲み始めて三カ月くらい経過する頃には、慢性的な切れ痔も自然とよくなり、半年を過ぎてからは、三カ月に一回はひいていた風邪もひかなくなっていました。

とはいえ、このような効果を前面に出して国内に流通させるのは、なかなか難しいと思い、販路拡大はお断りしましたが、今でもクチコミで広げる程度での協力はしています。何らかの目的を持って購入した人は、みな喜んでいるので僕も満足しています。

高校2年生の夏を思い出したい人、夢の世界の王に君臨したい人、毎日のようにエッチな夢を見たい人、肛門が痔によってズッタズタの人、免疫力を上げたい人は、ぜひ、さくらハナビラタケを試してみてください。

オナニーで気づいた己のポテンシャル

さくらハナビラタケを飲み始めてから約一年半ほど経過した頃でしょうか。四年にわたって協議してきた離婚がようやく成立しました。食生活の改善とさくらハナビラタケのおかげで体の調子が段階的によくなってきていたのですが、離婚によって心も解放されることとなり、心身ともに健康を取り戻すことができました。

こうなると不思議なもので、さらなる健康を求めるようになりました。取引先との会食以外はできる限り自炊をして健康バランスを考えた食事を徹底しました。また、最低でも三カ月に一度はファスティングをすることによって、体重を落とすだけではなく、デトックスを行ないました。それに伴い体重もピーク時から10キロほど減りました。結果的に、白髪は減り、肌艶もよくなり、体形もスリムになり、数年前より明らかに若くみえるようになりました。

不思議なもので、心身ともに健康な状態で、充実した毎日を過ごすことによって、女性が寄ってくるようになりました。独身の同年代や年上はもちろん、20代前半の若い女性も数多く寄ってくるようになったのです。これらの女性に共通しているのは、「淫乱」だということ。どういうわけか、比較的性欲の強い、セックスのプライオリティーが高い、三度の飯よりもセックスを楽しみたいという欲求の強い女性が、たくさん寄ってくるようになりました。

こちらも離婚してから健康的な生活を送っており、ちんこ年齢は18歳くらいですから、寄ってくるさまざまなタイプの淫乱女性と、数多くの死闘を繰り広げました。後でも書きますが、一番心に残っている伝説の一戦は、感度が神レベルの女性との試合をしたときに、人生初の「失神&脱糞」をさせたことです。いろいろな意味で衝撃的でした。イカせまくった挙句に失神させ、やってやったぜ！という誇らしい気持ちと、自宅のベッドにブリっとされ、慌てて素っ裸のままで後始末をするという絶望感。あれは今でも忘れられません。他にもいろいろな体験をしましたが、それは第二章にまとめてありますので、ぜひ、ご覧ください。

それから一年半ほどは、特定の彼女をつくることなく、いろいろな女性との試合を楽しむ生活をつづけました。

しばらくは、そんな肉欲にまみれた生活を送っていたのですが、仕事が忙しくなってしまったために、10日ほどセックスから離れた期間がありました。

ある日、久々の休日にボーっとしていると、気持ちが緩んだ影響からか、いつになく激しい性欲に襲われました。しかし、そのときスグに試合のできる相手もいなかったため、久々にオナニーを楽しむことにしました。

久々の射精ということもあり、いつもの倍の「どっくんこ」を体感しましたが、案の定、精子の量の多さに、ティッシュを持つ手にいつも以上の重みを感じました。そしてふと、何気なくティッシュを見てみると……緑色のタンのようなものが、たくさんついていました。僕はあまりの衝撃に気が遠くなりました。

ここ最近を振り返ってみると、直近の10日間はセックスしていないとはいえ、しばらくの間、多数の女性とセックスを繰り返していたので、誰かしらから病気をもらってしまったのでしょう。こうなってはもう考えても仕方がないので、即、病院へ向かうことにしました。

自覚症状がなかったため、実物を見せたほうが早いと思い、その緑色のタンのようなものがついたティッシュも持っていきました。

医者：今日はどうしました？
僕　：えっと、あの、どうやら性病になってしまったようでして。
医者：なるほど。では、いつからどのような症状が出ているか教えてください。
僕　：実はコレなんですけど……緑の膿が大量に出ちゃったんです……。
医者：えっ？　これ……ですか。調べてみましょう。
僕　：ありがとうございます。
医者：診察しますので、ちょっと出してください。

僕　：……（無言でちんこを出す）。

ちんこをていねいに診察してもらい、検査もしてもらいました。検査結果が出るのを待っていると、病院の奥から先生が戻ってきました。

医者：ゆめちゃんさん……。どうやら性病ではないようです。

僕　：えっ？　ということは内臓系が悪いとかですか？（泣）。

医者：……。いえ……。

僕　：えっ？？？　どういうことですか？（顔面蒼白）。

医者：どうやら……とても濃いようですね。精子が。

僕　：と……言いますと？？？（混乱気味）。

医者：精子の量が多すぎて緑に見えるだけのよ

うです（笑）。精子の量は健康な成人男性の10倍、精子の活動範囲は4倍ですね。

看護師：………（無言で肩を震わせて笑いをこらえている）。

僕　：あっ、そうだったんですか……（赤面）。

と、このように、性病どころか、ただ単に精子が濃すぎて緑色に見えただけでした。いい年こいてオナニーティッシュを病院に持ち込み、「ぼくの精子すごいんですアピール」をしてしまうという、前代未聞の暴挙に出てしまったわけです。

しかし、よくよく考えてみると、精子滅亡の危機だった僕が、たった数年で「緑野郎」にまで回復したということになります。いかにストレスが体に悪影響を及ぼすか、いかに普段の食生活が大切か、身をもって体験しました。

それにしても成人男性の10倍の量と4倍の活動範囲とは。まさかオナニーで己のポテンシャルに気づいてしまうとは、夢にも思いませんでした。

最近気づいた三つの特殊能力

僕は結構な頻度で職務質問をされます。平均すると年間に四回くらいです。周りに話すと驚かれますが、どうやら普通の人は、職務質問自体されることはないようですね。逆にこちらがビックリです。

ある日、かなり暇だったので、その理由を本気で考えてみることにしました。その結果、「独り言」の多さと、「思い出し笑い」の頻度が関係していることがわかりました。もともと、独り言が多いのは自分でも認識していましたが、思い出し笑いについては周囲から言われて初めて気づきました。友人に、電車の中で急に吹き出したりするのは異常だと言われました。そう言われてみれば、電車の中で急に吹き出したり、引越屋のトラックを見て急に笑い出したり、エレベーターの中でニヤニヤした挙句に「そりゃ、やべぇな……」と独り言を繰り出したりしている自分を客観的に見たら、完全に異常者です。そりゃ、警察も声かけちゃいますよね。

そこで、なぜ、このようなことが起きるのか、もう少し掘りさげて自分自身を分析してみると、自分には三つの特殊能力があること、そして、その能力が強く影響していることがわかったのです。

①淫視力（映像を記録する&脳内で編集する力）
②淫想力（エロに特化した想像力）
③淫聴力（すべてが下ネタに聞こえる力）

まず、一つめの「淫視力」についてですが、これは、目の前の映像を記録する能力と、その映像を後から頭の中で編集する力のことをいいます。

具体的にいうと、街を歩いているときに、目の前からとても綺麗な女性が歩いてきたとします。僕はその女性の容姿を98％のレベルで記憶することができます。そして家に帰ってから、そのインプットした女性の容姿を思い出し、自分と絡み合っている場面を頭の中で映像化、再生することができます。一度会った女性であれば、頭の中でヤっている映像を流すことができるので、オナニーするのにエロ動画などのオカズはあまり必要がない、ということになります。

続いて二つめの「淫想力」についてです。これは単純で、エロに特化した想像力で、エロに関してのみ力を発揮します。これによりベッドインする前の女性でも、だいたいどのような反応をするか、どう攻めることで感じやすいかなど、数十パターンほど想像できてしまいます。

これに「淫視力」を合わせれば、数時間前にすれ違った女性の映像と、過去に試合した女性の映像を組み合わせられることになり、ものすごく充実したオカズになります。

ただ、一つ欠点がありまして、あまりにも頭の中の映像とシンクロしてしまうため、頭の中で繰り広げている会話が、たまに飛び出る場合があります。たとえば、オナニーしている最中に、突然、「おいおい、そんないやらしい顔するなよ」と、想像の世界の自分のセリフをリアルに口に出してしまうことによって、我に返ってしまうなんていうことも。

そして三つめの「淫聴力」についてです。これは単純に、些細なことが下ネタに聞こえてしまうという、ある意味、病気のようなものです。具体的な例をいくつかあげると……。

テレビで「あーなたーの町のぉ０１２３♪」というフレーズのアート引越センターのＣＭを目にすることがありますが、僕には完全に「あーなたーの街のぉペロイチ兄さん♪」と聞こえてしまいます。そしてなぜか、女性の陰部を舐めたあとにテヘペロしているお兄さんを想像してしまいます。

また、どういうわけか、DA PUMP の Rhapsody in Blue を聞くたびに、サビの部分が「ラプソディー陰部」に聞こえてしまい、いったいどんな陽気な陰部なんだろうと、ついつい想像を膨らませてしまいます。調子のいいときなどは、スタンディングオベーション、ストレッチ、などの言葉がエッチな意味に聞こえてしまいます。

このように、「淫視力」「淫想力」「淫聴力」という三つの特殊能力によって、日常の何気ない言葉を耳にしてもエロく聞こえてしまったり、ただ歩いているだけでオカズが増えてしまったり、日常生活ではありえない場面を想像してしまい、その度に笑いがこみ上げてきます。電車の中やバスの中、お客様先や、葬式会場など、笑ってはいけない場所に行くときにかぎって、この三つの特殊能力を発動させてしまうため、非常に困っています。

貿易摩擦より怖いバイオテロ

これは無精子とはまったく関係ない話ですが、せっかくなので、この場で日本ならびにアジア諸国、アメリカの皆様に対して、謝罪させてください。

もともとの悩みの一つでもあるのですが、理由はわかりませんが、旅行に行くと排便量が通常の2倍以上になってしまいます。日本国内の旅行の場合は、トイレの性能や排水機能が整備されているので、そんなに問題にはなりません。しかし、海外旅行の場合はかなりヤバい状況になります。過去にアジアを中心に何度か旅行しましたが、90％の確率で事件を引き起こしています。

初めて海外に行ったのは20歳のゴールデンウィークでした。当時の会社の先輩社員と3人でグアムに行ったときのことで、初めての海外だったこともあり、今でも鮮明に覚えています。チェックインを済ませ、部屋に入った瞬間に排便したのですが、その1発目で思いっきり詰まらせてしまい、あふれ出た排水が部屋中に広がってしまいました。先輩たちも久々の旅行だったため、笑って許してくれましたが、今でも会うと必ず、この話題が出てきます。

その二年後、たまには国外でクリスマスを過ごしたいと思い、当時の妻（今は離婚しました）と韓国に行ったことがありました。クリスマスシーズンには、兵役で軍隊に入った若者も休暇を取り、家族や彼女と過ごしているようで、街のいたる所で軍服男性のカップルを見かけました。久々に逢ったためだと思いますが、ご本人も彼女も、とても幸せそうな顔をしていました。

そして突然、事件は起こりました。ある有名デパートで買い物をしていると、突然、今までに味わったことのないような腹痛と、排便欲求が体を突き抜けたのです。腹痛を認識してから約15秒、早くも一刻の猶予もない状態になってしまいました。僕は慌てて近くのトイレに駆け込み、何とかギリギリ間に合ったのですが、内臓が飛び出たのか?と思うくらい、かなりの量を排出してしまったと感じました。そのため、思いっきり水を流すのはリスクが高いので、少しずつレバーを引いたのですが、当時の韓国製のトイレは日本ほど優秀ではないようで、僕の思いとは裏腹に、一気に勢いよく水が流れてしまいました。

そして案の定、先ほど排出した僕の魑魅魍魎たちが土石流のような勢いで便器から飛び出そうとしています。僕は慌ててトイレから出ようとドアを押したのですが、なぜか開きません。必死になってドアを何度も強く押したのですが、ビクともしないので、最終的には何度かドアを蹴りましたが、まったく無駄でした。そう、そのドアは、出る時は「押す」のではなく「引く」タイプだったのです。

そして便器から魑魅魍魎が溢れ出る数秒前に、間一髪のところで、トイレから脱出することができました。

トイレから飛び出た瞬間、大勢の人がこちらを見ているのに気がつきました。考えてみれば、トイレの個室から突然、ドカドカ扉をける音が聞こえたと思ったら、たくさんの荷物を持った男がトイレから飛び出てきたら、そりゃ驚くに違いありません。

大勢の人が見守る中、ついに悲劇が起こりました。僕が飛び出てから数秒後、大量の魑魅魍魎があふれ出てきたのです。奇跡的にトイレに居合わせた清掃員も、あふれ出る便器を見てパニックになってしまい、あろうことか、トイレが詰まっている状態なのにもかかわらず、再度、水を流すレバーを引いてしまいました。

それにより、さらに勢力を拡大した魑魅魍魎たちは、トイレだけでは飽き足らず、デパートのフロアにも流れ出てしまったのです。

その間、ずっとトイレの前で待っていた元妻は、トイレから聞こえる大きな音を聞き、何が起こっているのか不思議に思っていたそうですが、青い顔をして飛び出てきた僕を見て、何が起こったかスグに理解したようです。すぐさま、そのデパートを後にしました。

あの当時は特に問題にはなりませんでしたが、現在の日韓関係であれば、間違いなく大きな問題に発展してしまったに違いありません。ひょっとしたら「バイオテロリスト」として逮捕されていたかもしれないと思うと、今でもゾクっとします。

友人と台湾に行ったときもそうでした。台湾の空港で最後の排便をしたときのこと。比較的に水の勢いの強いはずの空港のトイレでしたが、少し水を流した段階で、ゴボゴボと変な音がしたので、詰まったことに気づきました。

もうこれ以上流すと、また便器から溢れた魑魅魍魎たちが、空港内に溢れ出てしまうと思ったので、僕は断腸の思いで「流さない」という選択をしました。

そのまま手を洗ってトイレを出ようとした時、真っ青な顔をした欧米人が、慌ててトイレに駆け込んできました。その後に起きることが安易に想像できたので、「便器がヤバいぞ」と声をかけようと思ったのですが、どうせ説明しても耳に入る余裕はないだろうし、もしかしたら、呼び止めただけでブン殴られる可能性もあるため、ここは静観することにしました。

しばらくトイレの出口付近で待機していると、案の定、個室を開けた瞬間に、何語か判別できないような叫び声が聞こえました。便器を見て驚いたのでしょうね。

そしてその数十秒後、流す音と共に、その欧米人の悲鳴がトイレ中にこだましたが、その直後にトイレから離れたため、その欧米人の悲鳴が、トイレがあふれたことに対してなのか、予想外の便器の状態に思わず脱糞してしまったのか定かではありません。しかし、どちらにせよ、台湾の大きな思い出づくりに貢献してしまったのは言うまでもありません。


日本国内でも大きな事件が一度だけありました。五反田で知人と飲んだ日のこと。終電の時間も近づき、急いで電車に乗ろうと改札を通り抜けた瞬間、目の前が真っ暗（ブラックアウト寸前）になるほどの便意に襲われました。その瞬間、僕に残された時間が残り僅かだということを感じました。慌ててトイレに行くと、長蛇の列ができていました。おそらく小便待ちの列だと思い、その列を無視して中へと進むと、四つある大便コーナーのうち一つだけ空いていました。気絶しそうな括約筋に再度気合を入れなおし、個室に飛び込んだ瞬間、目の前には信じがたい光景が広がっていました。なんと、便座の上から床までゲロまみれだったのです。どれだけ食ったらこんな量のゲロが吐けるのでしょうか。

しかし、僕の括約筋も限界近く、便座を拭いている余裕などありません。こうなったら、汚れた便座の上に乗り、しゃがんだ状態で排便するしか道は残されていない。そう判断した僕は、最後の力を振り絞り、勢いよく便座に飛び乗りました。そして、ズボンとパンツを同時におろして、しゃがもうとした瞬間、中腰の状態でお尻を突き出した格好のまま、後ろの壁に向かって、思いっきり魑魅魍魎たちを噴射してしまいました。まさか壁を俺色に染めちまうとは……。冷静になり、もうどうにもならないと判断した僕は、お尻を拭き、速やかに脱出することにしました。

トイレのドアを開けて外に出ると、最悪なことに僕の個室の前に3人も並んでいました。「ごめん、僕の力不足だ。僕にはどうにもできなかった

よ」。そう心の中でつぶやき外に出ると、背中越しに「えっ？　嘘でしょ？」という声が聞こえました。

とまぁ、このように不本意ながらバイオテロを引き起こしてしまったわけです。日本ならびにアジア諸国、アメリカの皆さま、特にトイレの清掃員の皆さま、誠に申し訳ありませんでした。

第二章
これまでの試合を振り返って

童貞なのに「ヤリチン」と呼ばれた学生時代

僕が入学した高校は、自宅から自転車で通えるというだけで選んだのですが、当時、偏差値が37で、入試の倍率が0.6倍。試験さえ受ければ入学できるはずなのに、なぜか2名落ちているという、いろんな意味でヤバい学校でした。

あまり頭がよい生徒がいなかったためか、夏休みを目の前に女子が淫乱化しました。どういうわけか、髪の色は明るく、スカートはワカメちゃんレベル。夏の体験人数を競うというどうしようもない奴らがたくさんいました。

僕はかなりノリがよかったのと、幼少期からコミュニケーション力は高いほうだったこともあり、人生初のモテ期ビックウエーブがきました。とにかく一緒にプールや海に行き、夜はカラオケなどで盛り上がり、そのまま誰かの家に泊まり歩く。というクソみたいな生活を繰り返していました。当然、セックスしようよ、という流れになるのですが、イチャついているときは興奮してギンギンなのに、いざ挿入しようとすると、なぜか萎えてしまい、セックスすらできない状況が続きました。原因がわからないため、一人になると悩みます。それが嫌なので、毎日のように女子と遊ぶのですが、夜にはそういうシチュエーションになり、結局、萎えてしまうため、余計に苦しみました。

童貞を捨てられないまま一生を終えるのかもしれない。そんなことが頭をよぎりました。その影響からなのか、挿入する直前で萎えてしまった相手も次第に増えていき、いつのまにか20人を越えていました。僕はいろいろなところでインポ扱いされているのだろうと、かなりネガティヴになっていました。

そんなある日、仲のよい友人からこんなことを言われました。

友人：お前、女を選り好みしているらしいじゃん(笑)。贅沢だなぁ。
僕　：えっ？　どうゆうこと??
友人：しらばっくれるなよ。この前、Yが「ゆめちゃんは、どんなにいい雰囲気になってもヤッてくれない。たぶん経験が豊富過ぎて、私なんかじゃ、ヤる前に冷めちゃうんだと思う」って言ってたよ。
僕　：えっ？　Yが？　そんなこと言ってたの？
友人：Yだけじゃないよ。EもCもKも言ってたよ（笑）。オマエどんだけだよ。

僕　……。

どうやら僕の知らないところで、違った受け取り方をしてくれていたようです。それを聞いて、少しだけ気持ちが楽になりました。

その噂が広まったのか、他のクラスのモテたい男子たちから相談を受けるようになりました。どうやったらヤるところまでもっていけるのか。キスをしたあとはどうしたらいいのか。ゴムをつけるタイミングは。どんな体位が喜ばれるか。などなど、まるで恋愛のスペシャリスト扱いです。コミュニケーションには自信があったため、女子をその気にさせるところまでは自信を持って提案しましたが、ゴムをつけたあとはまったく経験がないので、適当にそれっぽい答えを用意していました。

こうして、いろいろな人の話が重なり、知らぬ間に僕は、とんでもないヤリチンとして崇められるようになりました。他校の女子が、僕とヤってみたいと、わざわざ訪ねてきたときは、さすがに言葉を失いました。

このように、童貞なのにヤリチンとして半年も演じることとなったのですが、その直後につき合い始めた真面目な子を前にしてようやく、萎えずに最後までできるようになりました。結果的にその子と7年つき合うことになったため、ヤリチンにはならずに済みました（笑）。

しかし、一人の彼女を大事にした結果、多感な時期の「いろいろな女を抱きたい」「もっとチヤホヤされたい」という願望を晴らすことができなかったため、その数十年後、30代後半になり、モテ期ビックウエーブ第二波が来たときに、その願望が爆発してしまいました。大人になってから願望が爆発すると、若いころと違って、歯止めがきかなくなるので、危ないですね。本当に反省しています。

処女Mとの初試合　〜炎の神降臨〜

大阪の企業からノウハウを吸収するという目的のため、僕を含め数人でチームを組んで、約3カ月間、大阪に住んでいたことがありました。

ある日、その企業の女性陣と食事をする機会があり、自己紹介を含めて、離婚したことや、その当時、彼女と別れたばかりだということを話すと、その女性陣のうちの一人から、婚活をしている友人がいるから、ぜひ、その友人を紹介したいと言われました。どうやら、その友人

Mは23歳で、神戸のお金持ちの末娘で、ずっと女子校だったため、大学を卒業した今も、男性経験がゼロ。つまり処女だということでした。

どんなに箱入り娘だったとしても23歳で男性経験がないということなどあるのでしょうか。それに23歳で婚活を始めたなんて聞くと、相当クレイジーな性格か、容姿に致命的な問題があるか、この二つしか考えられません。おそらく会った瞬間に激しい後悔と、どのようにその場を収めればよいか、頭を抱える羽目になることが容易に想像できたため、紹介していただく話は保留にしました。

その数日後、定期的にやり取りをしている占い師と会う機会ができたので、その話を相談してみようと思った矢先、占い師から、そろそろ再婚のきっかけとなる出会いがあるかもしれないと告げられました。どうやら近い将来、自分よりも10歳前後も若い女性と結婚する可能性が高い、とのことでした。そんなことを聞いてしまっては、いても勃ってもいられません。早速、その23歳の女性を紹介してもらうことにしました。

最初から二人で会うのはリスクなので、僕の同僚に頼み込んで一緒に来てもらい、4人で飲みに行くことにしました。店に到着すると、すでに先方は来ていました。おそるおそる顔を見てみると、やはり想像した通り、容姿に問題を二つ抱えていました。まず一つめは完全に幼児体形だということ。男性との触れ合いがなかったためなのか、フェロモンが出ない体質なのか、完全に自分の娘（当時4歳）と同じような体形に見えました。そして二つめ。これが致命的でした。なんと鼻と口の間が少し長かったのです。ちびまる子ちゃんでいうと「はまじ」のようなバランスでした。それに加えて若干アゴがシャクレていたため、より顔が長く見えてしまい、笑ってしまいそうで、もはや直視できる状態ではありませんでした。

しかしMは、自分の経験したことのない「処女」。自分の歴史に新たな一ページを刻むためには、これはある意味チャンスなのではないか、という自分でも理解しがたいチャレンジ精神が、ふつふつと湧き上がってきました。もうこうなっては自分を止められません。

まずはMに好印象を持ってもらうために、自分の持っているコミュニケーション力を駆使してさまざまな角度からアプローチしました。初めて積極的に男性からいいよられたのでしょうね。あっさり目がハートマークになりました。もう完全に防御力0だということがわかりまし

た。ドラクエなら即死です。

　このような状態になれば、あとは自分がMを受け入れられるようになるだけです。その日は楽しく飲んで解散し、後日、何度か電話でMのよいところを探す作業に移りました。とても素直。純粋。無邪気な笑い声。ちょっとヤキモチやき。背伸びしたがる。そういえばいい匂いだった。などなど、自分自身を洗脳するため、どんなに些細なことでもMのよいところはすべてインプットしていきました。

　このように自分を洗脳しつつ、処女膜貫通の儀式を行なうための準備を着々としていきました。そして迎えた運命の日。直前にビビって尻込みしないよう、自分の退路を断つためにも、大阪の仮住まいではなく、東京の家に泊まりに来るように指示をしたところMは大喜び。何度も新幹線から、今は名古屋、今は新横浜、とLINEで報告がきました。そして遂に、Mがウチの玄関のインターフォンを鳴らします。ピンポーン。

　部屋から玄関までの約8歩。大丈夫かな。目の前の「はまじ」を愛することができるかな。ちんちんはちゃんと勃起するかな。最後までフィニッシュできるかな。僕は生まれて初めて猛烈なプレッシャーに押しつぶされそうになりました。残り3歩。

　大丈夫。僕ならできる。Mはとてもいい子。肌はキレイ。声も可愛い。最悪の場合は目をつぶればいいじゃん。保険としてバイアグラがあるじゃん。残り1歩。僕ならできる。絶対にできる。よし、新しい世界の扉を開こう。そう何度も自分に言い聞かせて、玄関を開ける。あぁ、鼻と口が離れている。やっぱ無理かも……。

出会い頭に心をポッキリおられた僕は、10秒後に、用意してあったバイアグラをかじりました。本来は日本人の体形であれば50ミリで良いところを、2倍の100ミリもかじってしまいました。

その結果、僕は「性器の味方アンパンマン」。真っ赤な炎の神の化身となったのでした。


それからは大変な戦いでした。男性に体を舐められるということ自体が初めてのため、気持ちいいという感覚というよりも変な感じなんだそうです。前戯をしている間ずっと「あっ変な感じ」「んっ変な感じ」と「変な感じ」を連呼していました。

しばらくすると、それに体が慣れ始めたのでしょうか。「うにゅ、うにゅ」と何やら奇怪な声を漏らし始めました。どうやらこれがMの喘ぎ声の原形のようです。もう笑いをこらえるのに必死です。

ようやく「うにゅ、うにゅ」にも耐性が付いたころを見計らって、指を入れようと手を伸ばした瞬間、衝撃が走りました。なんと、Mの陰部から「喜びの泉」があふれ出ていたのです。これで一気にモチベーションがアップしました。もしかしたら「淫乱」というポテンシャルに気づいていなかっただけなのでは、と期待で胸がふくらみます。そして徐々に挿入をするのですが、まったく入りません。Mも痛いようで股に力が入ってしまっていて、なかなか身動きが取れません。仕方が無いので、5ミリずつ時間をかけて挿入していきました。通常であれば萎えてしまうところですが、バイアグラの力を借りているので、萎えるどころかさらに膨張していきます。まるで大爆発を引き起こす超新星のような状態です。

そして遂に30分ほどかかって、ようやく奥まで挿入できました。それからはゆっくり動かし、徐々にスピードを早めていき、Mのために早めにフィニッシュしました。

そして2日目、品川でデートをして軽く食事を済ませたあと、また試合をしてみたいとMから驚きの発言がありました。そのまま家に帰り、ひと試合しましたが、前日と比べるとウソみたいにスムーズにできました。

そして最終日、だんだん感度が上がってきているため、非常に良いモチベーションで試合に臨むことができました。Mも「うにゅ、うにゅ」から、世間一般的な喘ぎ声に変化しました。そのため、少し長めに焦らしてから挿入し、一番感度の良いポジションを攻め、どんどん激しく動かしたところ、大きな喘ぎ声と共に「しぴぴぴっ」と潮を吹きました。さすがの僕も驚きで固まったほどです。

このように、結果的にMは処女喪失を含めて4回めのセックスで潮を吹くという偉業を成し遂げたのでした。この件がきっかけとなり、ブスとストレス環境、ストレス環境と淫乱が紐づいているのではないか、という新たな気づきが生まれたのでした。この研究結果については、後の第三章で詳しく書きたいと思います。

ババアだって一人の女性だもの　～無謀な挑戦①～

２００８年のリーマンショック直後、日本もその影響を受けて景気が落ち込んだことがありました。あたりまえですが、景気が落ち込むと消費者は財布の紐が固くなります。そして、少しでも現金を増やそうと、身の回りにある不要なモノを現金化しはじめます。

僕は以前、それに目をつけてリサイクルショップを運営していたことがあります。買い取る商品は、主に貴金属、ブランド品、金券類などです。当時は、周辺にチラシをまくだけでおもしろいように、モノを現金化したい人がたくさん来店してくれました。来店する人の7割は女性で、まずは様子をみるためか、ピアスなどの小物を売りに来ます。その査定額に納得してからは、金になりそうなモノをすべて持ってきます。

ある日、60代くらいの女性Yが来店しました。その女性は、有名ブランドの時計に、すべての指に金の指輪をしており、着ている洋服もかなり立派なものでした。予想通り、最初はピアスを査定してくれと言ってきたので、相場よりも5割増しくらいで金額提示し、買い取りました。その結果、他社よりも高く買い取るという印象を与えたことにより、毎週木曜日に必ず来店し、何かしらを売って現金化するようになりました。

そして初めての買い取りから三カ月ほど経過した頃、そのYに対して、個人的な興味を持っている自分に気がつきました。とても上品できれいな容姿の、その60代の女性はどのようなセックスをするのだろう、そもそも60歳を過ぎてもセックス自体できるのだろうか、もし娘がいるのであればきれいなのか、などなど、興味は尽きません。そこで、毎週来てもらうのは悪いからと、特別に訪問での見積査定を行なうことを告げたところ、「ぜひ来てほしい」と快諾してくれました。

自宅に訪問すると、そこには宝の山がありました。エルメスのスカーフは数百枚、有名ブランドのバックも部屋いっぱいありました。それらを一度に買い取るのは資金的にも大変なので、何回かに分けて少しずつ買い取ることにしました。

それからは、Yからお誘いがくるようになりました。通っているスイミング教室へ同行してほしい、新しい洋服を買うからつき合ってほしい、映画を観に行こうなどなど、気がついたらYは完全に僕に惚れていました。

どんなに歳をとっても、恋愛している女性はとてもきれいです。これも人生勉強だと思い、このせっかくのチャンスを活かすことにしました。「よし、Yを抱こう」。

何が起きてもいいようにバイアグラを二つ用意しました。一つは訪問前に。もう一つはシャワーのあとにかじりました。

Yは相当うれしかったのでしょう。今にも張り裂けそうなちんちんを目の前にしてうっとりしていました。60代にもなると潤滑ゼリーが必要になります。意図的にヌルヌルにしてから挿入します。しかし、いくらきれいとはいえ60歳を過ぎた裸の女性を目の前にすると、さすがに引いてしまいましたが、さすがバイアグラ。赤く漲ったまま最期までイクことができました。当然、Yも大喜びでした。

それから数日後、またいつものように自宅買い取りを希望してきたので、訪問して査定して

いると、これから夕方だから一緒にご飯を食べようと言われ、立派なリビングに通されました。そこには、僕より10歳ほど年上にみえる、きれいな女性が食事の準備をしていました。どうやらその女性はYの娘さんでした。
自分の母親が質屋に金品を売りさばいているのを耳にして、どんな奴か見極めようとしているのではないか。今さら返金を要求されるのでは。もし、そうであれば、いろいろ面倒なので、そろそろ潮時かなぁと思ったので、適当に話を合わせて、早めに切り上げようと考えていました。

そして憂鬱な気持ちのまま、Yと娘と僕の3人の食事が始まりました。まずお互いの自己紹介をして、それからは当たりさわりのない世間話をしました。そして、そろそろ仕事があるから帰ります、と言いかけたそのとき……。

Y：そうそう、今日はR（娘）に話しておきたいことがあって。
R：なに？ 彼氏でもできたの？（笑）
僕：…………（なんか面倒な話題なので無視）。
Y：うふふ。そのような感じかなー。

R：えっ、ウソでしょ？　やめてよ。ゆめちゃんも何か言ってくださいよぉ（笑）。
僕：Yさんお若いから、ホントだったりして（笑）。
Y：実はわたし、ゆめちゃんとおつき合いしたいと思っているの（笑）。
R：ん？　はっ？　なに言ってんの？　えっ？（こちらを見る）。
僕：んにゅ？（驚きのあまり変な音が出る）。
Y：最近、いろいろつき合ってもらっているし、彼をとても大切に思っているの。
僕：………（現実を受け入れられずに顔面がバグる）。
R：まぁ、ゆめちゃんがいいなら、私はいいけど………。

ということで、娘さん公認の仲となった僕たちの関係は、Yのブランド品と、Yの亡くなった旦那さんの遺品をすべて買い取るまで続いたのでした。めでたし。めでたし。

若い淫乱女子は半端ねぇ　～ルール無用の泥仕合～

離婚をしてから半年くらい経過したころ、自分でも驚くほどのモテ期ビッグウエーブがきました。ゾーンに入っているとでもいうのでしょうか。「この人、絶対に仲よくなりたい！」と思った女性は、そんなに時間をかけずとも、ほぼ思い通りになっていました。そのときは20代前半の女性との接点が多く、とても楽しかったのですが、若い子を相手にしていたため、体力的に厳しかった、という覚えがあります。

ある日、過去に何度か一緒に飲みに行ったことのある23歳のKと二人で飲むことになりました。Kには、ゆくゆくは結婚を考えている彼氏がいるのですが、実はだいぶ前から性病（コンジローマ）に感染しているため、かれこれ半年くらいはセックスをしていない、という話を聞きました。なかなかレアですよね。コンジローマ。ちんこにキノコ？　カリフラワーみたいなものが生えるというヤバい病気ですが、僕は未だかつて、感染者に出会ったことがありません。

しばらく居酒屋で飲んでいましたが、そろそろ場所を変えて飲みなおそう。ということになり、やる気マンマンのKが、僕の自宅へ行きたいと言いはるので、そのまま自宅へと移動しました。自宅へ到着するなり、Kはスグにシャワーを浴び始めました。余程ヤリたかったのでしょうね。しかしこれだけガッツかれると正直、引いてしまいます。しばらくすると、Kがシャワーから戻ってきたので、僕も気を取り直すためにもシャワーを浴びました。

しかし冷静になって考えてみると、久々のセックスに心躍っている女子など今まで出会ったことがありません。もしかすると、過去最高の素晴らしい試合になるのではないか。そんな予感がしました。そしてモチベーションMAXの状態で部屋に戻ると……。Kは思いっきりベッドで爆睡していました。どこから取り出したのかわかりませんが僕の寝間着を着ていました。最悪です。もうマジで。

寝ちゃったとはいえ、Kは先程までやる気マンマンでした。どうせ、起こせばそのまま試合に突入するだろうと思い、僕は軽い気持ちで、寝ているKを起こすために愛撫をはじめました。寝ぼけながらもKの体は反応し始め、次第に息が荒くなってきました。すると寝言なのかムニャムニャ話し始めたので、よく聞いてみると広東語のようでした。もう意味がわかりません。

それからまもなく、Kは完全に目が覚めたようで、ここから本格的な試合が始まりました。正常位、バックで何度か絶頂をむかえ、今度は騎乗位に移行しました。するとKは、騎乗位をしている自分の姿が、たまたま鏡に映っているのに気がつきました。鏡に映る乱れた自分を見て興奮をしたのでしょう。Ｋはまるでダンサーのような動きで何度も絶頂をむかえていました。あんなに騎乗位を楽しんでいる人は初めてです。まさに騎ＪＯＹダンサーですね。そしてボルテージが絶頂に達するタイミングで、Ｋも僕も一緒に絶頂をむかえることになったのですが、Ｋは最後の瞬間に「はお」「ちゅーらい」などと意味不明な言葉を叫んで果てました。日本人なのか中国人なのかわかりませんが、セックスは年齢ではないと痛感させられた夜でした。

それからＫはちょくちょくウチに遊びに来るようになりました。遊ぶといっても、飲みに行くわけでも、出かけるわけでもありません。友だちと飲みに行った帰りや、彼氏と買い物に出かけた帰り、仕事で遅くなったときに、僕の家に来るようになったのです。つまり、セックスを楽しむために来ていたのです。やはり「快楽」というのは依存するものなのですね。僕も暇な時はＫを受け入れるようにしていました。

そして数週間後、ある事件が起きました。Ｋが２日連続でウチに泊まり、３日めの夜にこんなことを言い出したのです。

Ｋ：私ねぇ、ゆめちゃんに謝らないといけないの。

僕：ん？　どうしたの？　性欲が強いから？？（笑）
K：うん。それが原因かも（笑）。
僕：ん？　どういうこと？（嫌な予感）
K：私さぁ、人妻になったの。
僕：おめで……ん？　人妻になった？？
K：人妻って響き、なんかエロくない？
僕：ちょっと待って。結婚したの？？
K：うん。彼と入籍することになっちゃって。
僕：おめでとう。よかったじゃん。いつ入籍するの？（混乱）
K：入籍はね、昨日の昼間だよ（笑）
僕：えっ？　昨日も一昨日も泊っていったよね。
K：うん。どうしてもエッチしたくて（笑）。
僕：いやいや、そういうことじゃなくて。もう来ちゃだめだよ。
K：なんで？　誰にも言わないからいいでしょ？
僕：いやいや、それはダメ。もう帰ってよ。
K：そっか。わかった。帰るね。

冷静を装っていましたが、一瞬、驚きのあまり頭が真っ白になりました。

まさか、一昨日結婚していたとは……。入籍前日、入籍当日に泊まりにくるとは、いったいどういう神経をしているのでしょうか。まったく理解ができません。まさか自分の知らぬ間に不倫していたなんて、下手な怖い話よりよっぽど怖いです。


それからはKからの連絡はなく、何事もなかったかのように平和な生活をおくっていました。天気も良いので洗濯をして、久々に部屋の掃除もしようと張り切っていると、家の中を小さなハエが飛んでいるのに気がつきました。一匹や二匹なら気にも留めないのですが、結構な数が飛んでいます。

以前、トウモロコシの芯をゴミ箱に入れたままにしていたところ、虫が湧いていたことがあったのを思い出し、慌ててゴミ箱を開けたところ、特に問題はありませんでした。ハエはどこから飛んできているのだろう。気になった僕は、ハエが飛んでくる方向を目で追ってみると、冷蔵庫の後ろのほうから飛んできていることがわかりました。そして、おそるおそる冷蔵庫の後ろのほうに目をやりました。

すると冷蔵庫の間の部屋の隅っこのほうに、黒い物体が入ったビニール袋を発見しました。その袋にはレバーが腐ったような状態の物質が入っており、数えきれないほどのハエが湧いていました。冷蔵庫の後ろから引っ張り出した際に、袋が破けたようで、そのグロテスクな物体の悪臭が解き放たれ、僕はおもわずゲロをまき散らしてしまいました。もはや掃除どころではありませんでした。しばらくはそのグロい映像と臭いを思い出し、何度も吐きましたが、なんとか落ち着きました。

あれは生理用品だったのだと思います。ビニール袋に入ってはいたものの、緩めに縛られていたため、そこからハエが入ったのでしょうか。そして冷蔵庫の熱で温められ、しばらくの間で熟成されたのでしょうね。だめだ。書いているだけで吐き気がする……。

これはれっきとしたバイオテロです。聞き分けのよい騎ＪＯＹダンサーの正体はバイオテロリストだったというわけです。アーメン。

キレイな女医はラストサムライ　～無謀な挑戦②～

結論から言います。みなさん、女医は霊長類の中で頂点に君臨するほどの変態です。特に50代以上の女医はレベルが違います。速さでたとえるなら「マッハ」。距離でたとえるなら「50億光年」です。もはや意味不明ですが、それくらい規格外の凄さだと思っていただければ幸いです。僕にとって「生まれて初めて」の連続でした。

ある日、公私共にお世話になっている経営者Sさんと打ち合わせをして、このまま焼肉を食べに行こう、という話になりました。普段は二人で食事に行くことが多いのですが、なぜかそのときは「せっかくだから女性を呼びたいね」という感じになりました。しかし、これから行こうと誘ったところで、スグに来られる人など限られています。現段階で仕事が終わっていて、この近くで勤務している女性……。誰かいないか考えていると、Sさんが「あっ、ちょうどよかった。近くにいるから声をかけてみよう」と、近くにあるクリニックの院長Kさんに電話をしてくれました。すると、ちょうど予定が空いていたようで、Kさんはあとから合流することになりました。

先に焼肉屋についた僕たちは、焼肉とビールを楽しみながら、こんな会話で盛り上がっていました。

S：これから来る女医のKはさぁ、僕の高校の同級生なんだよ。
僕：えっ？ そうなんですか。長いおつき合いなのですね。
S：いやそれが15年ぶりくらいなんだよ。昔はきれいで、ファンがたくさんいてさ。
僕：すごいですね。今もきれいなんでしょうね。
S：たぶんね。ミスキャンパスだったしね。子どもいるけど、今もきれいだと思うよ。
僕：なんだか楽しみですね。おっぱい触ったら怒るんでしょうね（笑）。
S：うん。でも、ゆめちゃんなら落とせるかもね。
僕：いやいや、そんなハイレベルな人はさすがに無理ですよ。
S：でもさ、もし、落とせたらおもしろいよね。ゆめちゃん試してみてよ。
僕：女医さんなんて初めてなのでチャレンジしてみたいですね（笑）。
S：本気でやってよ（笑）。もし達成したら、何でも一つ、言うこと聞くからさ。
僕：そこまで言われたらお断りできないですね。チャレンジしてみますね。

このような中学生レベルの会話をしていると、ようやくKがお店に到着しました。さすがミスキャンパス。なんと、K、どこで購入したのか、真っ赤なイブニングドレスを身にまとい、颯爽と現われたのです。それを見た瞬間、僕の危機管理ブザーが、けたたましい音を上げて鳴り響きました。そして心の中でこう呟いたのでした。「こいつはヤベェ……」。

おそらく久々の男性からのお誘いだったのでしょう。Kさんは旦那さん以外の男性とプライベートで食事をしたのは十数年ぶりだったようで、とっても楽しそうでした。そして何を勘違いしたのか「私をそんなに見ないで」とか「私をその気にさせてみて」とか、ひと昔前のAV女優のセリフみたいな発言の嵐でした。もう驚きすぎて、半分以上の記憶が消し飛んでしまったほどです。

食事を終えるとSさんは、やり残した仕事があると去っていきました。気を使ったというよりは、目の前の「勘違い性欲モンスター」に危機感を感じたのでしょうね。さすがです。取り残された僕とKは、そのまま六本木駅方面に歩いて移動することに。六本木界隈とはいえ、真っ赤なイブニングドレスを身にまとった50代女性を連れていると、かなり目立ちます。早くどこかに隠れたい、という衝動にかられ、目の前にあるアイリッシュパブに入りました。

そこで40分くらいの間に2杯ほど飲んだのですが、もう精神的にダメージを喰らうレベルの卑猥な発言を受け続け、自分の人差し指はチュッパチャップスか、と勘違いするほど、Kにベロベロ舐められ吸われ、僕の心は摩耗していきました。

もう終電だからと、無理やり駅のホームに連れて行ったところ、別れ際に内臓を吸い出されるようなディープな接吻を受けましたが、なんとか帰宅することができました。こんなに心の底から怯えるなんて、「生まれて初めて」の経験でした。

それから2週間ほどでしょうか。毎日のように心が摩耗するような卑猥なメールのやり取りをしていました。完全に心が壊れてしまう前に、Sさんとの約束を果たさねばなりません。勇気を振り絞ってもう一歩踏み出すことにしました。

するとKから日帰りで温泉に行こうというお誘いがきました。もちろん返事はYESです。「やってやるぜ。完全に負けるとわかっていても、逃げずに最後まで戦うのが日本男児だ！」そう心で叫び、約束の日に備えて精神統一をしました。

そして運命の日がやってきました。自宅まで迎えにくると言われましたが、自宅がバレるのは絶対にまずいので、隣の駅に来てもらいました。そして運転を交代して、栃木の温泉街へ向かいました。

今までの晴天が嘘のように、はらはらと雪が舞い始めたと思ったら、いつのまにか激しい吹雪に変わりました。目的の温泉宿に到着する頃には50センチほど積もっていました。不思議ですよね。嫌で嫌で仕方なかったのに、雪景色の温泉街に着いた途端に、とてもロマンチックな気分になっていました。やはりロケーションって大事なんだなぁと、再認識しました。

仲居さんに案内され部屋に入ると、15畳ほどの部屋の外にはお洒落な露天風呂がついており、美しい雪景色が広がっていました。隣の部屋にはキングサイズのベッド。すでにKは臨戦態勢で、早くも僕の首に吸いついてきました。そのままゴングが鳴ります。されるがままの状態で全身をていねいに愛撫されましたが、全く感じません。おそらく僕はそのとき、死んだ魚のような眼をしていたと思います。

しかしこの状況、予測できなかったわけではありません。実はいきなり始まってもいいように、事前にバイアグラを2錠ほど飲んでおいたのです。モチベーションが上がらなければドーピングすればいいだけ。ようやくバイアグラの効果が出始めたと思ったら、アンパンマンのように破裂しそうな勢いで勃ってしまいました。やはり2錠は飲みすぎだったようです。

Kはそれを見て大喜び。「そんなに私が欲しかったのね。悪い子」「さぁ好きにしていいわよ。いらっしゃい」と、思わず白目をむいてしまうようなセリフにウンザリしつつも、今度は僕がKを愛撫しながら脱がすと……。なんと腹部に十文字の切り傷が。さすがにこれ、帝王切開じゃないだろ。まさかコイツ……武士なんじゃねーか？　大政奉還によって武士は絶滅したと思っていたのは僕だけで、実は武士はまだ実在しているのでは？　もしくは、このKこそが武士の生き残り。つまりラストサムライなのではないか？　さまざまな思考が脳内を駆け巡ります。さすがの僕も驚きのあまり、この時ばかりは正常な思考ではなくなっていました。

しかしさすがバイアグラ。そんなことは関係ないさ、と言わんばかりの状態を維持していました。こうなったら差し違えるくらいの覚悟で挑もう。そこからの僕は修羅と化しました。そしてKを起き上がれなくなるまで何度も絶頂させました。こうして僕は「生まれて初めて」武士と試合をしたのでした。

ここまでやれば満足しただろう。ぐったりとしたKを見て安心した僕は、部屋の外にある露天風呂でゆっくりすることにしました。しかしそれも束の間、Kの性欲は留まることを知りません。いや、むしろ勢いづいたようにも感じます。露天風呂でこの日二度めの試合が始まりました。何より辛いのが「言葉攻め」です。今まで感じたことのないような不快なレベルの卑猥

な言葉を浴び続け、僕の細胞は十万匹ほど死滅しました。このままではマズい。本能でそう感じた僕は最後の力を振り絞って、Kを辱めてやるために反撃に出ました。「おい。こちらが下手に出てりゃ、調子に乗りやがって。俺の腹の上にまたがって、見えるようにションベンしろ！」。

ついにバグってしまいました。勢い余ってとんでもないことを口走ってしまいました。Kは驚いていましたが、その言葉に従うように僕の腹の上にしゃがみ込み、なぜか頬を赤らめながら「こんなの初めて」と呟きました。

「待て待て待て待て！　やめろ。それは本心じゃねぇ！」と心で叫ぶも、時すでに遅し。当然ながら僕の心の声はKには届きませんでした。そして、次の瞬間、僕のお腹の上を温かい液体がチョロチョロと音を立てて流れていきました。「終わった。僕は今、何か大切なものを失った気がする」。そんな声が頭の中に響きました。

こうして見事にSさんとの約束を果たしたのですが、その代償はとても大きく、それからしばらくはセックスができませんでした。

まさかの騎女医（笑）。今ではやっと笑い話にできるまで回復しました。

気持ちよすぎてダッフンダ　～バイリンガル事件簿～

僕の経験上、バイリンガルというか二カ国語以上話せる女性は、かなりの高確率で淫乱である、という結論に達しました。理由はわかりませんが、過去に5人ほど言語が堪能な女性と出会いましたが、全員もれなくド淫乱でした。彼女たちに共通するのは二つ。まず一つめは、彼氏や夫のことを必ず「パートナー」と呼びます。会話の中でもパートナーという単語がたびたび登場するのでスグにわかると思います。そして二つめは、性に奔放な考え方であるということです。自分の性的欲求が高まった瞬間、相手に彼女がいようと、既婚者だろうと関係ありません。ひょっとしたらセックスは、コミュニケーションツールの一つという位置づけなのかもしれません。彼女たちは口を揃えてこう言います。「自分の意思を尊重したいだけ。人の気持ちは常に変化するもの。それを法で縛ること自体がナンセンスだと思うの」。まぁ、わからないこともないけど。

ある日、異業種交流会で優秀なバイリンガル女性Tと出会いました。TはラジオのMC、有名ブランドの研修講師、たまに雑誌などのモデルをやっていました。交流会のあとに少し話をした程度なのですが、パートナーという単語が8回も出てきたので、相当な淫乱なのではないかと、胸がドキドキしたのを今でも覚えています。

当然のことながら、いろいろな理由をつけて、その翌週に飲みに行く約束を取りつけました。そして、ただ仲よくなって試合をするだけではつまらないので、初めて飲んだ日にベッドインする、という少々高めの目標設定をしました。

そんな気持ちで臨んだ当日、1軒めでかなり盛り上がり、二人で結構な量のビールを飲みました。そして2軒めは、そのまま近くのアイリッシュパブに入り、終電がなくなるギリギリまで飲みましたが、Tは特に急ぐ様子もなく、時計を確認するなどのしぐさもありませんでした。「これはイケる」。そう心で確信し、ホテル街の近くのカラオケに移動しました。

カラオケでは歌いながらも徐々に距離を縮めつつ、いつの間にか自然とキスを交わすようになりました。そしていよいよクロージングをかけます。

僕：そろそろ次に移動しない？

T：あら。次はどこに行くのかしら（笑）。

僕：んー、シャワー浴びられて、大きなベッドがあるところ。

T：それはどこかに泊まるってことよね？

僕：うん、そうだね。

Ｔ：嫌。明日が面倒だからそれは嫌。
僕：えっ？　そうなの？？（突然のＮＧに顔がバグる）。
Ｔ：仕方ないわね。ウチにきたら？
僕：へ？　いいの？
Ｔ：嫌なら無理にとは言わないけど。
僕：嫌じゃないよ。じゃ、お邪魔しようかなー（笑顔）。

　このように、目標としていた当日ベッドインを達成するどころか、女性にお持ち帰りされるというミラクルが起きました。とても男性慣れしているように感じたので、これは予想を遥かに超える淫乱度なのではないかと、考えるだけでも股間が膨らみます。

　Ｔの家に到着するなり、試合のゴングが鳴りました。まるで山を流れる清流のような滑らかな動きでお互いの服を脱がし、激しくも優しいキスでお互いを鼓舞し合い、お互いの興奮が絶頂に達したところで挿入。激しく乱れた彼女は、何度も絶頂を迎えました。

　今までにない熱く激しい戦いが繰り広げられる中、ふと、Ｔはどのレベルの要望まで応えるのか、とても気になってしまいました。「よし、どうせなら、一番インパクトのあるお願いをしてみよう」。そう考えた僕は、フィニッシュを迎える瞬間にこう言いました。「そろそろイクね。このまま中で出していいのかな?」。するとTはこう答えます。「いいえ、私のお腹にいっぱい出してほしいの!」

衝撃。このほんの一瞬で、普通、そんな回答できますか? AVを見ているのかと錯覚するくらいの発言に驚きました。危うく「バイリンガルは半端じゃねぇ」と叫ぶところでした。

それから定期的に会うようになり、いつのまにかTとの交際がスタートしました。Tはスタイルもよく、感度も抜群で、一度のセックスで十数回はイキます。まるで自分のセックスの能力が高いのではと錯覚するほどでした。性への探求心も高く、コスチュームや玩具もすべて受け入れました。

ある日、出張先からTに電話をしたところ、彼女も友人と飲みに行っていたらしく、とても酔っぱらっていました。どうやら「淫」のスイッチが入っていたようで、会いたい、キスしたい、抱いてほしいなど、かなり盛り上がっていました。

そこで僕は、電話越しに、「おっぱいを撫でてみて」「人差し指と中指で乳首をつまんで」「下着の上から陰部をゆっくり中指で撫でて」というように指示を出してみたところ、Tは素直に指示に従いました。電話越しに彼女の熱い吐息が感じられ、その吐息は徐々に激しさを増し、喘ぎ声に変化しました。思わず僕自身も、興奮を抑えきれなくなり、ついには電話越しにお互い絶頂を迎えることになりました。初めて体感する電話越しのセックス。一つ大人の階段を上った気分になりました。

Tとの関係が始まり2年が経過した頃、ついにあの事件が起きました。お互い出張が続き、なかなか会えない日が続いたのですが、ようやく久々に会うことになりました。いつものように、僕の部屋でセックスをしていたのですが、久々のセックスということもあり、Tの感度がいつもより増していました。そのため普段より多く絶頂を迎えていました。そして何度か連続で絶頂を迎えた直後に異変が起きたのです。Tの眼球がグルグルっと上に動いたと思ったら、突然、気絶してしまったのです。そして次の瞬間、ぶりぶりぶり……。鈍い音が聞こえたと思った直後に、真っ黒いこん棒のようなものが彼女の股からひねり出てきました。そうです。ウンコです。Tはセックスで絶頂を繰り返した挙句に失神し、ついでに「だっふんだ」してしまったのです。

皆さんご存じかわかりませんが、ウンコは空気に触れた瞬間に、あの禍々しい臭いがします。洋式のトイレだと中に水が溜まっており、ウンコが水に覆われているため、そんな耐えられないほど臭くなることはありませんが、和式だと水に覆われないため、もろに臭いが上がってきます。ベッドの上もそうです。ウンコが「こんにちは」した瞬間、空気に触れた瞬間に、禍々しい臭いを放ち始めます。

何度も絶頂を迎えた女性を目の前にし、自分自身の興奮も絶頂を迎え、そのまま自分もフィニッシュしようとした瞬間の脱糞。あまりの出来事に脳みそも認識できませんでした。しばらくベッドの上で右往左往（まるでマイケルジャクソンのスリラーのような動き）したあとに、ようやく目の前の現実を理解し、慌ててウンコを処理しましたが、時すでに遅し。シーツだけではなく、マットレスにまで浸透してしまい、買い替えを余儀なくされました。

初めての脱糞に泣き崩れる女性を見たのは、さすがに僕も初めてですが、何とも言えない気持ちになりました。はい。しかしなぜでしょう。このままだとなぜか自分が負けた、という気持ちになってしまい、いつかリベンジしたいなぁ、なんて思いが込み上げてきました。

その一カ月後、突然チャンスはやってきました。セックスの最中に、またTの眼球がぐるぐる動き始めたのです。「これはチャンス！」そう思った僕はスグに行動に移します。

そのまま腰を動かし続けながら、ベッドの四つ角からシーツをはがします。そして、シーツの四つ角を右手に集め、そのまま右手をねじり、軽く巻きつけます。これで準備はＯＫです。あとは激しく腰を動かし続け、Ｔが失神するのを待ちます。

そしていよいよTが失神する瞬間が訪れました。眼球がぐるっとする瞬間、その右手に巻きつけたシーツを天高く引き上げると同時に、足で彼女をベッド左脇に転がします。傍から見たら、北斗の拳のラオウですね。まさに。

するとどうでしょう。見事にウンコは持ち上げたシーツに収まり、マットレスは綺麗なまま。あとは失神したTのお尻を、ウェットティッシュでそっと拭けばミッション完了です。

こうして、見事に「失神脱糞」のリベンジを果たしたのでした。皆さんもバイリンガルと試合をするときは、くれぐれも「失神」にお気をつけくださいね。

血しぶきのラブホテル　～国分町の淫乱娘～

僕がまだ20代前半のころ、2年ほど仙台に住んでいました。その当時は週に2回ほどのペースでキャバクラ遊びをしていました。ある日、いつものように会社が終わってから、仲のよいメンバーで飲みに行き、そのままキャバクラに流れていきました。その日はなぜか、まだ行ったことがないお店にしようということになり、案内所のお兄さんに希望を伝えて、彼におススメされたお店に行くことにしたのです。そして、そこでRと出会いました。Rは女優の黒木瞳さんに似ていて、スタイルもよく、笑いのツボも合うため、僕はRにとても興味がわきました。そして、みんなでワイワイ飲んでいると、どうやらRは酔っぱらってきた様子で、僕の耳元で「もぅ、このあと一緒に飲みに行ってくれないとチュウするぞぉ」と意味不明な発言を連呼していました。

思いがけないチャンスに、僕は湧き上がる性欲を抑えつつ、冷静を装いながら、そのお店が終わるのを持ち、Rと二人で飲み直すことにしました。

彼女はもうすでに「チュウするぞぉ」のテンションなので、一杯ずつ飲んでスグにホテルに移動しました。ホテルに到着するなり、試合開始のゴングが鳴りました。Rはとても感度がよく、前戯の段階から何度も絶頂をむかえており、挿入してからは激しさを増し、ついには潮を吹いていました。体の相性がよかったこともありますが、それ以上にRは「イキやすい体質」で、さらに「潮を吹きやすい体質」なのでしょう。こんなに何度も絶頂をむかえて、潮まで吹く女性は、生まれて初めてでした。Rも同じように「こんなに相性がいいのは生まれて初めてだ」と言っていました。

その日から、もう完全にハマってしまいました。多いときは週に2回は試合をしていたほどです。僕から誘う日もありますが、大抵の場合はRからでした。

その関係が始まってから2年経過する頃、僕の転勤が決まり、東京に戻ることとなりました。別につき合っていたわけではないのに、かなり寂しい気持ちになりました。失恋とは違う、何か不思議な喪失感でした。転勤後も最初は連絡を取り合っていましたが、徐々に連絡の頻度は減り、いつの間にか途絶えてしまいました。

それから約10年経過した頃、仕事の都合で大阪に出向した時のことです。Rに似ている女性が、僕の目の前を突然、通り過ぎたのです。まさかとは思いましたが、ダメもとでRに連絡をしてみました。

僕：久しぶりー。ゆめちゃんです。お元気？
R：ずいぶん久しぶりだね。元気してた？
僕：おかげさまで元気だよ。まさかとは思うけど、今、大阪にいないよね？
R：えっ怖っ。なんで大阪にいるの知ってるの？
僕：やっぱりそうか。さっき駅で見かけたんだよね。
R：えっマジ！　今、大阪にいるの？　いつまでいるの？
僕：明日の朝、名古屋に移動する予定。

R：じゃあさ、今夜エッチしようよ。
僕：ごはん行こう。じゃないんだね（笑）。
R：だって久々に……したいんだもん。

まさか大阪で再会することになるとは思ってもいませんでした。僕は、はやる気持ちを抑えながら、Rの指定する時間に待ち合わせ場所に向かいました。するとすでにRは来ていました。約10年ぶりのセフレとの再会。単なるセフレとは思えない感動に包まれながらホテルに向かいました。

Rは昔の記憶が甦ったのでしょうか。すでに興奮の絶頂に達しているように見えました。その様子を見て、僕もとんでもなく興奮してしまい、「さぁ、おっぱじめるぞ！」と臨戦態勢になった瞬間、Rは慌ててトイレに行ってしまいました。

そして数分後、Rはトイレから青い顔して帰ってきて、涙目でこういいました。

R：ごめん。ホントごめん。生理きちゃった。
僕：そっか。だから慌ててトイレに行ったんだね。
R：ホントに楽しみにしてたのに……（涙）。

僕：仕方ないじゃん。またの機会にすればいいじゃん。
R：ヤダ。やっぱりヤダ。
僕：えっ、じゃあ、どうするの？
R：ねぇ、生理だけどエッチしてもいい？
僕：我慢できないんだね（笑）。俺もだよ（笑）。

とまぁ、結局のところ生理は関係なく、試合をすることになったわけですが、10年ぶりの再会、そして、美化された快楽の記憶、突然の生理という障害、生理でも最高の試合をしようというお互いの意思決定、これらの要素が絶妙に絡み合い、僕とRはゾーンに入ったのでした。

そこからはもう「凄まじい」という表現しか思いつかない程、お互いを求め合い、お互いを思いやり、いま自分が持てる能力をすべて駆使して、お互いが過去最高ともいえるほどのパフォーマンスを発揮し合いました。

ベッドでの正常位から始まり、バック、騎乗位。そして洗面所での立ちバック、窓際での駅弁。さまざまな場所で、その場所にあった体位を選択し、お互いの体力の限界まで求め合いました。最後は2人ともベッドに仰向けになり、しばらく起き上がれない程でした。

しばらくして冷静さを取り戻すと、あることに気がつきました。ベッドだけでなく、部屋のいたるところに「血しぶき」のようなものがついているのです。そして次の瞬間、ハッとしました。ゾーンに入っていて忘れていましたが、相手は生理中です。しかも潮を吹きやすい体質でした……。おそらく、頑張って腰を動かすたびに周囲に血が飛び散っていたのでしょうね。それに加えて「血潮」。彼女が潮を吹くたびに血しぶきが舞っていたのだと思います。天井にも、壁にも、床にも、鏡にも、血しぶきがついていました。当然ですが、僕の顔にもRの顔にも血しぶき。体にも血しぶき。客観的に見たら完全に殺人現場でした。これから部屋を清掃しに来た人は、この状況を見てどう思うのでしょうか。僕だったら「ひっ」と悲鳴

を漏らしてしまうかもしれません。
僕とRは、非常に申し訳なく、心苦しい気持ちになり、少しばかりの清掃費用を置いていくことにしました。
こうして僕たちは、この日、日本で初めてチップを枕元に置いたのでした。

中洲はよいとこ一度はおいで　～日本一の地雷原～

僕は今まで、日本のすべての主要都市で遊んできました。それぞれ地域によって、遊び方は大きく異なります。たとえば、札幌のススキノのホステスを口説こうと思ったら、店ではなくアフターが重要です。キャバ嬢とアフターすると必ずと言っていいほど、メンパブに連れて行かれます。そこのスタッフとどれだけ仲良く盛り上がれるかがとても重要になってきます。

仙台の国分町は人間性重視です。いかに「いい人」かをアピールすることが重要です。最近では札幌や大阪の店が進出してきているので、もしかしたら、今は大きく変わってしまったかもしれません。

東京と大阪は、正直、金さえあれば何とかなります。そのため、金銭的に余裕がない人にはおすすめできません。

名古屋の錦はハッキリ言って誰でもヤレます。理由はわかりませんが、ド淫乱が数多く生息しています。僕が今まで行った店で口説いたキャバ嬢は全員ヤレましたし、みんな淫乱だったので楽しい試合ができました。ポイントは「お金持ちのフリ」です。必ずしもお金を持っていなくても「ハッタリ」で、どうにでもなる街です。

広島の流川はブスばっかりで行く価値なしです。繁華街を歩いていても可愛い女性は一人も見当たりません。広島で飲んだら、つけ麺食って、さっさと寝たほうが無難です。

博多の中洲はとてもいいところです。他の街と比べても圧倒的に「優しい」街です。あまりキャバクラやクラブで遊びなれていなくても、ホステスがとても優しく対応してくれる店が多いので、初心者でも安心して楽しく遊べます。しかし、中洲のホステスを口説こうと思うと、思った以上に苦労することになります。中洲のホステスは疑似恋愛がとても上手なので、こっちはイケると思っていても、相手は何とも思っていないケースが多いため、結局のところ、口説き落とすまでに、時間もお金もかかってしまう場合があります。

また、色気があり、こいつはイケるんじゃないかと思うホステスは、かなりの高確率でボンバーマンです。スグにバクダンを仕掛けていきます。実は結婚していて旦那が恐い人だった。とっても愛想がいいけど実は重度の精神疾患があった。きれいでスタイルも抜群だけど、実はジャンキーだった。大体この三つに当てはまりますが、実際にはなかなか見抜くことができません。

僕もこれまで、いろいろな経験をしてきました。非常に明るく笑顔が素敵なNは酔っぱらうと豹変します。平気で顔をブン殴ってきます。酒を口移ししろと命令されて、仕方なくそれに従うとブン殴られます。最初はいいですが、これを何度も繰り返されると厳しいですね。

Kはやたらテンションが高く、ご飯もたくさん食べるので、一緒にいて楽しいのですが、周囲からの話では、どうやらジャンキーだったようで、気がついたら目の前から消えていました。

過去最狂だったのはぶっちぎりでＡです。彼女はバツイチで子どもはいるが実家に預けている、という話でしたが、その話題になるたびに話が変化していました。僕も少しくらいのメンヘラなら気にすることないかと聞き流していました。

その後、しばらく仲よくしていたら、次第に彼女の出勤前に僕のホテルに来るようになり、「行ってきます、のキス」をせがむようになりました。そんなに悪い気もしなかったし、キスくらいならいいかと思っていたのですが……。次第に、彼女のお店が終わった頃に「相談したいことがあるから、今から会えないかな」と連絡がくるようになりました。しかも連絡がくるのは、僕の泊っているホテルの下からです。部屋の前から連絡がくることもありました。ほぼ毎回、Ａの相談を聞くことになるのですが、数分するとキスをせがまれます。そして、キスをすると満足して帰っていくのです。この辺から「ちょっとヤバい奴かもしれない」と思い、警戒し始めた頃に事件は起きました。

取引先と会食していると、突然Ａから電話がかかってきました。普段はかかってこない時間なのに珍しいなぁと思い電話に出ると、Ａが電話の向こうで泣いていました。

Ａ　：もしもし、ごめんなさい。謝らなきゃいけないことがあるの。

僕：ん？　急にどうしたの？（うわ！　こいつヤベェ……）
A：私、実は結婚していまして……。本当にごめんなさい。
僕：そうなんだ。なんで謝るの？
A：旦那にバレたの。私たちがキスしたってこと……。
僕：………（金を要求されるのかな……）。
A：セックスしていないって証明してほしくて。
僕：えっ。やってないことをどうやって証明するの？
旦那：おう！　こら！　ぶっ殺すぞ！　てめぇ！
A：ボコッ（殴られる音）ひぃぃぃぃぃ！
A：今からウチに来てくれませんか？
僕：はい。無理。（やべぇ奴らだな……。誰が行くかよ……）。
A：旦那がそちらに行くって言っています。
僕：うん。わかった。そうして。もう切るね。
旦那：○×■▽●※（もうすでになに言ってるかわからない）。

こんなやり取りを15分くらいしました。Aの悲鳴、ボコボコやられる音、そして旦那の雄叫び。一体なんだったのでしょう。特にお金を請求されるわけでもなく、脅されることもなかったのでよかったのですが。被害があったといえば、知らない番号から鬼のように電話がかかってきたので着拒したくらいです（笑）。

最近では、半年前に彼氏にフラれた子から、「寂しさを紛らわすために、毎日、電マでオナニーしていたら、ハマってしまい、ひどい時には10分に1回のペースでオナニーしてしまっている。そして最近、タクシーに乗ってウトウトしていたら、なぜか車の振動と電マの振動が頭の中で重なってしまい、必死にイクのを我慢していたのだけど……。お金払って降りた頃には思いっきり潮吹いてた（笑）」というカミングアウトを受け、明日も仕事がんばろーって思ったのでした。

皆さんもぜひ、中洲で疑似恋愛を楽しみ、チャンスがあればしっかりと刈り取ってくださいね。

そして世界へ　〜東南アジアで「てれてんてん」〜

僕はいくつか趣味があるのですが、そのうちの一つが旅行です。国内旅行も好きですが、やはり何といっても一人で行く海外旅行の楽しさには勝てません。女性パートナーと海外に行くと、自分の好きな食べ物を好きなだけ食べる、ディープな場所へ冒険しに行く、ということができません。どちらかといえば無難な旅行になってしまいます。また、同性の友人と海外に行くと、ディープな場所に行くことはできますが、自分本位な行動を取ることに負い目を感じてしまうので、なんだかんだ言って友人のペースに合わせてしまいます。しかし自分一人での旅行となると、完全に自由です。何を食べようが、どこに行こうが、誰にも迷惑はかけませんし、文句を言われることもありません。しかし、自分一人なだけに、妥協した瞬間にクソつまらない旅行になってしまうのが唯一の欠点です。

楽しく冒険するも、無難に遊ぶも自分次第。自由気ままな独り旅行は、とても楽しくてクセになってしまいます。

僕は、どの国に行く時も、必ず準備していくことがあります。それは、現地の言葉をネイティブな発音で話す練習です。とはいえ、もともと語学能力は高くないので、最低限必要な会話の一部に限定して覚えていきます。

必ず覚える言葉は、「初めまして」、「写真、撮ってもらえませんか？」、「一緒に写真撮りましょう」、「この辺でおいしいお店、探しています」、「一緒に食事でもどうですか？」、「連絡先を教えてください」、「笑顔が素敵ですね」、「あなたはとても魅力的だ」、「今夜は一緒にいてくれませんか？」、「コンドーム持っていますか？」というように、海外の女性と一夜を共にするために必要な言葉を必ずネイティブな発音で話せるようにしていきます。

また、それに加えて、言ったらおもしろそうな文章も、プラスで覚えていきます。たとえば、「この料理、おいしいから持って帰ってもいいですか？」とか、「彼はトリプルアクセルを飛ぶような男ではありません」というように、はっきり言って意味不明ですが、会話の途中で、突然、これらをネイティブに発音するだけで死ぬほどウケます。それだけで仲よくなれるほどの破壊力です。皆さんも想像してみてください。一見、全く日本語を話せなそうな外国人が、突然、流暢な日本語で「あーやってもうたー」とか「トイレどこですか？　マジで限界なんだけど」と言ってきたら、思わず笑っちゃいませんか。このように相手を笑わせられる武器をいくつか持っていくとさらに効果的です。

まず現地に到着したら、女性の2人組に声を掛けます。自分の宿泊するホテルまでの道を聞いたり、おススメの飲食店を聞きます。親切に対応してくれる人とは、一緒に写真を撮ったりして仲よくなり、別れ際に「お礼がしたい」と言って連絡先を教えてもらいます。そして、連絡先を教えてくれた人の中から、特に反応がよかった人たちを、その日の夜に食事に誘います。

食事になればこちらのもんです。片言の英語と全力の身振り手振り。どうしても伝わらないときは、翻訳アプリを使用して、何とか意思の疎通を図ります。相手は、言葉のわからない観光客の食事につき合ってくれるぐらいなので、とても親切です。こちらの言いたいことをくみ取ろうと努力してくれますし、なんとか楽しませようと盛り上げてくれます。2時間ほど食事をして、その後、バーなどで飲み直すことができれば、よほどのことがない限りはベッドインが可能です。日本でナンパするよりも、はるかに難易度は低いです。

これを現地の2人組だけでなく、同じ観光客（日本人以外の）、娼婦、カップル、飲食店の男性客など、いろいろ試してみました。娼婦はその国の滞在中、毎日のように連れ添ってくれますが、睡眠薬を飲まされてパスポートや現金を奪われたり、性病をうつされてしまったりする危険性があるので避けたほうが無難です。カップルは親切にしてくれますが、当然、抱けません(笑)。飲食店の男性客と盛り上がると、女性の友だちを紹介してくれることもありますが、ゲイやバイセクシャルの場合が多いので、女性との性行為が目的の人は避けるほうが無難だと思います。

ということで、結果的に、現地の女性2人組に声をかけることがリスクも低く、短時間で効率よく、ベッドインできるという結果になりました。

僕の個人的な見解では、フィリピン人女性が一番ベッドインの可能性が高かったのですが、金品をたかられたり、中には騙そうとする人もいるので注意が必要です。ただ、容姿はスペインの血が入っている人が多いので、とてもきれいでスタイルの良い女性が多いです。

タイ人女性はとても優しくしてくれます。さすが仏教国、と言いたいほどです。でも、フィリピン人ほどきれいな人は少ない印象ですので、ある程度の妥協が必要かもしれません。

香港の女性は容姿にばらつきがあり、あまり親切にしてもらった経験がないですし、台湾はきれいな人がとても少ない印象ですので、きれいな女性とベッドインするという目的であれば、あまりオススメできません。

共通して言えるのは「楽しく食事をする」という目的であれば、どの国の女性も大きな差はないと思います。あとは個人の好みの問題になりますね。


ひと昔前にはなりますが、2年ほど海外で貿易の仕事をしていた時期がありました。

ある日、現地で知り合ったフィリピン人女性Kと飲みに行ったとき、そのKからフィリピンの娼婦についていろいろな話を聞きました。Kは三人姉妹の真ん中で、あまり裕福な家庭ではないそうです。長女は家族を養うために売春しており、Kは妹を大学へ行かせるため、学費を稼ぐために売春しているそうです。末っ子の三女は、そのお金でがんばって勉強して大学へ行くそうです。大学を卒業することができれば、自分たちの家庭よりも裕福な男性と知り合い、結婚できる可能性が上がります。つまり、家族全員を幸せにするために、姉妹はそれぞれの役割を全うするのだそうです。

僕はその話を聞いて、とても衝撃を受けました。自分の想像をはるかに超える世界があるのだと気づき、知的好奇心を刺激されました。もっともっとディープな世界を見てみたいという衝動にかられ、Kに仕事場に連れていってもらうようにお願いしたところ、すんなりと快諾してもらいました。

Kに連れていかれたのはマニラのカフェでした。というかカフェという名の売春宿でした。建物は三階建てでそんなに大きくはありません。中へ入るとフロア内を移動するのも困難な程の人がひしめき合っていました。おそらく一階フロアだけで200人を超えるほどの人数だったと思いますが、そのほとんどが露出度の高い服を着た娼婦でした。

まず、Kと一緒にテーブルにつき、ビールを注文しました。その直後に、大勢の女性たちが僕の席に集まってきました。英語で話しかけてくる子もいれば、タガログ語の子もいましたし、片言な日本語で話しかけてくる子もいました。そして僕に対してアプローチを開始します。胸を触るよう勧めてくる子もいれば、肩や手、腰や足のマッサージをしてくる子、耳元や首筋にキスをする子、僕の股間をまさぐり始める子などなど、まさにカオス状態です。日本ではありえない光景にしばらく呆然としてしまったほどです。

最初は黙ってそれを見ていたKが、慌てて僕に助言をしてくれました。「あの後ろの子、財布からお金を抜こうとしているから気をつけて。あいつはバイアグラと嘘をついて睡眠薬を飲ませる悪いやつだから嫌い」、「左にいる子は男だから相手にしないで。病気になるよ」、「肩のマッサージはお金取られるよ。今スグにお金を渡して追い払って」という感じでした。

何も知らないで一人で入った瞬間にカモにされる可能性が高く、非常に危険な場所だということをあとで知らされました。ここに遊びに来るためには、言葉も文化もわかるフィリピン在住者や、Kのような「味方」を連れて行かないと、安心して遊べないのだそうです。僕はKという味方がいる安心感と、目の前に広がる「非日常」にテンションが上がってしまい、その店にいたKの友人娼婦9人と大騒ぎ。もうベロンベロンに酔っぱらってしまいました。

しばらく大騒ぎしていると、Kからこんな相談を持ちかけられました。「友人たちはお金を稼ぐためにこの店にいる。私たちと騒ぐのはいいけど、お金を稼がないで家に帰らせたくない。どうにかできないか？」。僕はハッとしました。僕を楽しませるために嫌な顔一つせずにつき合ってくれているのは、それ相応の見返りがあると思っているからだと気づきました。また、それだけではなく、彼女たちは家族を養うためにここにいるのだと思い出しました。

早速、僕は日本から一緒にフィリピンに来ている経営者たちに連絡をしました。どうやら宿泊先の近くのレストランで打ち合わせをしていたようです。詳細はあとで話すことにして、「今からホテルに友人たちを連れていくので、皆さんホテルに戻り、一つの部屋に集合していてください」とだけ指示を出しました。

僕は泥酔状態でテンションMAXの娼婦を10人連れて、そのカフェからホテルまでの道のりを歩いて移動しました。途中、治安が悪すぎて入れない通りなどを避けるために迂回したり、彼女たちの要望でマクドナルドに立ち寄ったりと、大騒ぎをしながらようやくホテルに到着しました。

ホテルでは一番大きな部屋に10人の日本人経営者が集まっていて、僕が戻るのを待っていてくれました。僕はスマホと携帯用スピーカーをつないで、クラブミュージックを爆音にした状態でその部屋に飛び込み、彼女たちとしばらく踊りました（笑）。

突然、露出度の高い洋服を着て、踊り狂っている女性たちを見たためか、彼らはしばらく呆然としていました。そこで、これまでの経緯をかいつまんで話し、彼女たちに自己紹介をさせたあとに、そのまま異文化交流会をしました。

しばらくすると、Kから、ほかの娼婦を含めて、彼らに自己アピール（営業活動）をしていいのかと聞かれたため、笑顔でOKを出しました。

僕もアジアを代表するレクリエーション係として恥ずかしくないよう、その会場を盛り上げるために「野球拳」大会を開催することにしました。当然ですが、彼女たちは野球拳を知りません。まずは野球拳の説明からでしたが、酔っぱらっていたこともあり、正確じゃなくてもいいやと考えて、「日本の伝統芸能の一つで、何かを成し遂げたいときに、皆でやる儀式のようなもの」と説明しました。あとは簡単です。「てれてんてんてんてんてんてん♪」と僕が言ったら、全員で「やーきゅうーすーるならぁー♪」と決められた振りつけで歌いながら、最後はじゃんけん、負けたらその場で脱ぐ、脱ぐときは妖艶に、という完ぺきな説明をしました。

皆さんもぜひ、同じような状況になった場合は、野球拳をやってみてください。かなり盛り上がります。言葉や文化の違いなどまったく気になりません。世界は一つ。そんな気持ちになります。しばらくは、目の前で、素っ裸で踊っているクレイジーな奴らを見て楽しんでいましたが、かなりお酒を飲んだ影響から、けっこう疲れてしまったので、その場はKに任せて部屋に戻りました。

そして翌朝、二日酔いの影響なのか、激しい頭痛と吐き気で起きました。昨日は楽しかったなー。みんなで野球拳なんてイカれてるなぁ。なんて、思わずベッドの上でニヤニヤしていると、ふと、隣に誰かが寝ていることに気がつきました。ん、まてよ……。昨日は確か一人で部屋に戻ったはず。なのになぜ、隣に女性が寝ているのだろう。と軽くパニックになりました。もしかしたら顔を見たらわかるかもしれない。そんな淡い期待を抱きつつ、おそるおそる、寝ている女性の顔を覗き込むと……そこには黒人女性が気持ちよさそうに寝息を立てていました。「えっ、うそ。なになになに？　どうしてここにいるの？　マジなんなの？」と、もう完全にパニック状態です。人間って本当にパニック状態になったとき、その場で右往左往するだけで何もできないのだと、あらためて痛感しました。

しばらくパニくっていましたが、徐々に冷静さを取り戻してきたため、「よし、まずは事実というピースをつなぎ合わせて、失われた記憶を取り戻そう」と少し前向きになりました。まず、寝ている黒人女性の顔を再度確認してみると……。だめだ。誰だかわからない……。続いて状況把握です。添い寝しているだけであれば股間は汚れていないはず。ということで、自分の股間を調査してみると……ガッツリ汚れています。間違いなく性行為に及んだ形跡しかありません。せめてもの救いはウンコがついていなかったことです。

もうこうなったら女性を起こして確かめるしかありません。早速、隣で寝ている女性を軽くゆすって起こしてみると……。目が合うなり抱きつかれて好意的なキス。彼女はうっとりとした表情で、僕の腕に自分の腕を絡ませてきました。

あぁー、もう完全にアウト。昨晩は熱い夜を過ごしたってことはわかりました。もう記憶よりも、このあとどうしようという思いでいっぱいになっていると、彼女が僕のチンコをくわええ始めました。さすがの僕も、激しい二日酔いの中、しかも相手は黒人女性。「申し訳ないけど、何をしてくれても勃たねーよ。ごめんな」と心の中で謝罪をしていると、「ワオ！　ユメチャンのチンチン、アンパンマン！」と耳を疑うようなセリフが聞こえてきました。うそだろ。思いっきり勃起しているじゃねーか。しかも誰だよ。アンパンマンなんて教えたの……。

　こんな状況で勃起するってことは、確実に飲んでいますね、バイアグラ。頭が痛いのも、酒の影響じゃなくてバイアグラの副作用に違いありません。もう、こうなったら日本代表として、恥ずかしくない試合をするしかありません。気持ちを切り替えて、その黒人女性と激しい試合を繰り広げたのでした。

　その後、昼からランチミーティングの予定が入っていたので、その黒人女性を連れてホテル

を出たのですが、その様子を何人かに目撃されていたようです。ランチでは僕の話で盛り上がりました。「ゆめちゃんが昨日、途中で抜けた理由は黒人をゲットしに行っていたらしいよ」と……。

それを聞いて背筋が凍りました。僕はてっきり、誰かと一緒に街に繰り出し、その際に黒人女性を引っかけてきたのだと思っていたのですが、まさか誰も知らないとは……。結局、この事件は完全に迷宮入りとなってしまいました。

それから数カ月間、僕は、その黒人女性から毎日のように送られてくる「愛してる」、「もう一度会いたい」、「あなたのセックスは最高だった」というメッセージに悩まされたのでした。特にSNSで繋がっているわけでもないのに、どうやって調べたのでしょうか。謎は深まるばかりです。

第三章

たった15分で
「淫乱」は見極められる

何もない山を掘っても金は出ない

僕はいくつかの結婚相談所やマッチング系の企業とタイアップしており、合コンや婚活イベントを成功させるために、参加者に向けての事前セミナーや勉強会を実施することがあります。その際、よく参加者から聞かれるのが、合コンで成果を出すためにはどうすべきか、出会ってから効率よくベッドインするための秘訣は何か、このような内容の質問がほとんどです。そのような質問を受けた際、僕はいつもこう答えます。「自分の目的に合わせて、その目的を達成しやすいタイプの女性を選ぶ」です。

たとえば、イベント参加の目的が「女性と楽しく会話したい」なのであれば、聞き上手な愛想のよい女性を選ぶべきです。「ベッドイン」が目的なのであれば、そこそこ性欲が強くて、「隙」のある女性を選ぶべきです。露出度の高いドレスを着ているからといって、必ずしも淫乱とは限りません。中には貞操観念の強い女性もいます。貞操観念の強い女性に対して、いくらがんばってアプローチしたとしても、ベッドインできる可能性は極めて低いといえます。

鉱物資源がまったくない山をいくら掘り進んだとしても、絶対に金やダイヤモンドは出てきません。セックスも同じです。性欲の低い女性、貞操観念の強い女性などに対して、いくら積極的にアプローチしたとしても、期待している結果を出すことなどできません。

看護師はエロいはウソ

なぜか理由はわかりませんが、看護師はエロいから絶対にヤれる、とか、保育士はスグにいける、キャバ嬢はエロいからスグにヤれる。というように、都市伝説的な話を耳にすることがあります。しかし、このような話にはまったく根拠がありません。もし、過去に看護師や保育士、キャバ嬢とのベッドインに成功したのであれば、それは職種の問題ではなく、単なる偶然に過ぎないと僕は思います。

前章でも一部を紹介しましたが、僕は今までにさまざまなタイプの女性とベッドインしてきました。出会って即日にベッドインしたこともあれば、出会ってから口説き落とすのに数カ月を要することもありましたし、どんなにがんばっても落とせないことだってたくさんありました。

そのたくさんの経験から、出会ってから短い期間で、そんなにがんばらなくても、ベッドインできる女性の共通点が見えてきました。そうです。淫乱な女性には、ある共通点があったのです。

せっかくなので、皆さんに「淫乱女性の共通点」をお教えします。

淫乱を見極める方法とは

僕は、初めて出会った女性であっても、15分ほどの時間をもらえれば「淫乱」かどうか、見極めることができます。相手女性が嘘をついていたり、自分を偽っている場合は、その判断が間違ってしまうことがゼロではありませんが、かなりの高確率で「淫乱」を見抜くことができます。

最近では、その見抜く力に「直観力」が加わったためか、何気ない日常会話を数分している だけで、相手女性の「喘いでいる顔」や「アクメ顔」がパッと脳裏に浮かぶときがあります。その場合、必ずと言っていいほどの確率で、その相手とベッドインできる。ということがわかりました。

もしかすると、僕は自分の知らない間に「スタンド使い」になっていたのかも知れません(笑)。

みなさんの周りで、こんな話を耳にしたことありませんか?

① 営業部（特に新規営業）の○○、浮いた話が多いよね。すぐヤれるらしいよ。

② 同期の○○、今年も新卒に手を出したらしいよ。新卒好きだよなー。

③ この前ヤったキャバ嬢、家で旦那にDV受けているんだってさ。

④ 交流会で会ったあの女性経営者、すごい激しいセックスだったよ。
⑤ ○○ってすごくいい女なのに、実はマグロらしいよ。意外だよね（笑）。

この何気ない5つの会話には、実はある共通点があります。みなさんはもうお気づきですか。
その共通点とは「ストレス」です。

新規営業とはとても大変な仕事であり、毎月のノルマに追われるため、精神的に大きなストレスがかかります。それに加えて、毎日の営業活動のために、体力的にも負担がかかります。

新入社員は、学生から社会人へと生活環境が大きく変化します。慣れない仕事に毎日、苦労の連続です。そのため、入社して半年くらいはストレスを感じ続けるという人がとても多いです。中には先輩や上司と性格が合わない…というように、人間関係にストレスを感じている人もたくさんいます。

唯一の休息の場である家庭でDVを受けている人のストレスは想像を絶します。その期間が長ければ長いほど、精神的なストレスは増え続けてしまいます。

周囲から見れば華やかに見える女性起業家も、その陰では並々ならぬ努力をしています。余程の大手企業でなければ安定などありません。外部環境や景気の影響を受けてしまうと、あっという間に経営はガタガタになってしまいます。そのため、常に緊張状態が続いており、会社員とは比べ物にならないほどのストレスを抱えています。

このように、一定以上のストレスを受ける環境にいる人たちは、脳からテストステロンというホルモンが分泌されるといいます。このホルモンは男性に多く分泌されており、「性欲」に大きな影響を与えます。もうおわかりですよね。ストレス過多＝テストステロンが多い＝性欲が強くなる、ということになると考えられます。つまり強いストレスを長い期間感じている人ほど淫乱である可能性が高いといえるわけです。

以前、オスカープロモーションに所属するモデルさんとセックスをしたことがありましたが、その彼女は仕事がなく、なかなか芸能活動だけでは食っていけないため、高級デリヘルで生活費を稼いでいました。プライドが高く、負けず嫌いな性格だったため、とてもストレスを抱えていたのでしょうね。想像を絶するほどの淫乱でした。

その一方で、すごくいい女なのにマグロ、ということはそんなに珍しいことではありません。昔から容姿端麗で周囲の男性にとてもよくしてもらってきた、裕福なご家庭で何不自由なく育った、どのような環境においてもチヤホヤされてきた、など、今までに大きなストレスを抱えたことがない女性は、性欲があまり強くない。つまり「淫乱」ではない可能性が高いということになります。

ここまでで何を言いたいか、皆さんは、もうおわかりですよね。看護師や保育士、キャバ嬢がヤれる可能性が高い、というのは大きな間違いです。

今の自分の仕事に大きな不満を持っている、大きなストレスを抱えている女性は、どのような職種であっても淫乱である可能性が高いといえます。

このことから、キャバクラでの接客が大嫌い、お酒を飲むのが苦痛、酒臭いおっさんの相手にウンザリしているキャバ嬢は、短期間でヤれる可能性が高いといえます。しかし、いろいろな人と話をするのが楽しい、お酒を飲んで騒ぐのが大好き、同伴は美味しいもの食べられるからウェルカム！〝キャバクラが天職〟というキャバ嬢は、ベッドインまで時間もお金もかかる可能性が高く、やっとベッドインまで持ち込んだとしても、感度が悪くて全然つまらなかった。なんてことになりかねません。

このように、淫乱かどうかを見極めるためには、会話の中で相手女性が「たくさんのストレス」を抱えているかどうかを、把握することがとても大切です。

子どもの世話に喜びを感じない保育士、看護をすること自体が嫌だと感じている看護師、職場の人間関係に大きなストレスを抱えている会社員、自分の体に負荷を与えているのが、そろそろ限界と感じているアスリート、起業したばかりの経営者、男性社会にもまれて苦労している警察官や医者、社会に出て間もない新卒、DVを受けている人、メンタルヘルスに問題を抱えている人などなど、通常よりもたくさんのストレスを抱えている女性は、淫乱である可能性が高いため、このゾーンを攻めることによって、出会ってから短い期間で、たいした苦労もせずに、ベッドインできるのです。

淫乱マップ

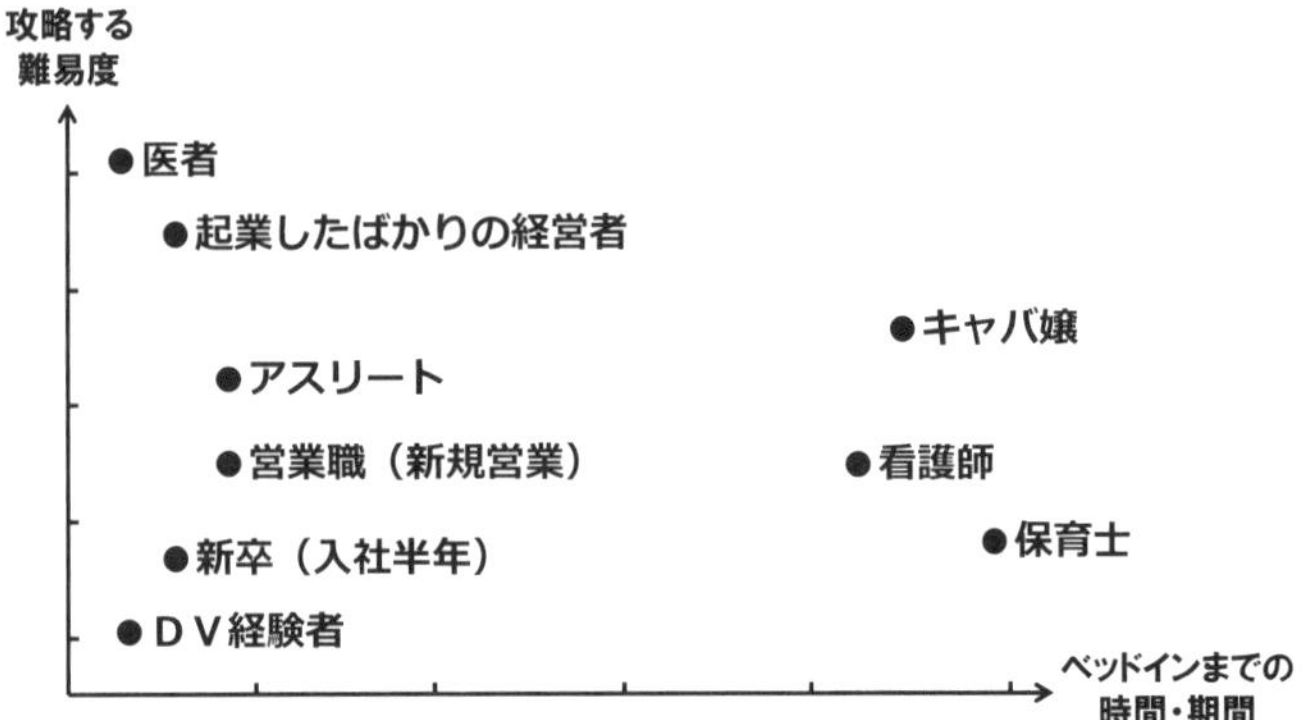

※あくまで著者の経験によるデータです。

慣れてきたら「数」から「質」に移行しよう

もし、効率よくベッドインすることに慣れてきたら、次のステップに移りましょう。次のステップは「一番」と「継続」がキーワードです。具体的には、ベッドインを優先するのではなく、「あなたとのセックスが一番」と言わせることです。後にも先にも相手女性にとって自分が「一番気持ちよかった男」であれば、たとえ関係が一時的に途切れたとしても、どこかのタイミングで、また戻ってきます。何度でも戻ってきます。

僕の場合、22歳で関係を持った仙台のキャバ嬢がいましたが、彼女にとって僕は一番気持ちいい男でした。関係が途切れてから数年後に、向こうから「久しぶり。元気にしてる？」とアプローチがきました。その後、お互い別の相手と結婚したため10年程空きましたが、僕が離婚して独身に戻ったので、試しに「久しぶり。元気にしてる？」と連絡してみると、「久しぶり。また会いたいね」とスグに返事が返ってきました。そして偶然も重なり、スグに再会することとなり、お互いが立てなくなるほどのハイレベルな試合を繰り広げました。

このように、相手女性にとって「一番」になることで、何度も何度もリピートする、つまり「継続」的な関係が生まれます。最高の試合ができる相手を5人つくってしまえば、もう、セックスに困ることはありません。風俗に高いお金を支払って、写真とは明らかに異なる顔のブスを引いてしまったり、感度の悪い女を相手に後悔をする、という無駄なことはなくなります。

営業職と同じように、若くて体力のあるときや、高いモチベーションを維持できるときは、常に新規開拓しようと努力できますが、いつまでもそれが続くとは限りません。どこかのタイミングで「数」ではなく「質」に移行することによって、安定的な性生活が手に入るため、心にもゆとりができます。

ゆとりのある男性はとても魅力的です。その魅力を手に入れることによって、今まで以上に女性が寄ってくるようになります。

第四章

出会ってから
最短でヤるためには

まずは合コンで成果を出そう

この第四章では、僕が今までの経験から得たノウハウを皆さんにお伝えします。そのノウハウを読んでいただければ、おそらくは誰でも結果を出すことができるようになると思います。もしかしたら、今まで何気なくやってきた行動が、この本書のノウハウと同じような内容だった……というように、意識せずに取っていた行動が証明されることによって、今まで以上に自信を得られるかもしれません。

世の中にはさまざまな性格、いろいろなタイプの女性が存在します。自分自身の生活環境や仕事環境の変化によって、好みの女性のタイプが変化する場合があります。僕の場合、学生時代は従順な女性が好きでしたが、ベンチャー企業に勤めるようになってからは、気が強い自立した女性を好むようになり、独立起業してからは逆に、支えてあげたくなるようなタイプの女性を好むようになりました。また、若い頃からしばらくの間は、セックスの相性重視でしたが、今ではセックスの相性など、あまり重要ではなくなりました。

このように、自分を取り巻く環境によって、好みの女性も変化する場合があります。そのため、どのようなタイプの女性からも好かれるようになる、攻略できるようになることが必要不可欠だと考えます。

そして一番大切なのは、ノウハウや方法を「知っている」「理解している」ということではなく、それを理解したうえで「行動に移す」「実行して結果を出す」「それを繰り返すことによって精度を上げる」ということです。

そのためには、積極的に合コンや飲み会に参加することによって、さまざまなタイプの女性と接する中で、自分のスキルを磨き上げる必要があります。限られた少ない予算で結果を出すためには、最近増えてきた相席屋のような形態の店舗で試すのもよいと思います。

お金に余裕がある人や、もう一般女性はクリアした。という人であれば、高級クラブのホステスや、医者、女性経営者などのハイクラスを狙ってみるのもよいと思います。対象や状況が少し違うだけで、基本は合コンみたいなものですから。合コンや飲み会で成果を出せる人は、どのような環境でも、同じような成果を出すことが可能です。

まずは基礎となる合コンで成果を出す。つまり、合コンで知り合った女性と「効率よく、最短でベッドインするためにはどうすべきか」という前提で話を進めていきましょう。

狙いめは「愛想のよいブス」

まずは合コンに参加する際、参加する目的を明確にする必要があります。何をするにもそうですが、目的がないことには目標すら立てることができません。当然ですが、目標がなければよい結果など夢のまた夢です。漠然と合コンに参加しただけでは、ただ無駄金を支払い、たいして美味しくもない食事をして、初対面の相手に気を使って、タバコ臭くなって、不快になって帰るだけです。ハッキリいって無駄ですね。

では合コンに参加するにあたり、どのような目的を持って参加すべきか。今回は「出会ってから最短でベッドインする」ですね。

続いて、その目的を達成させるための目標設定です。たいていの場合は「もし可愛い子がい

合コンの目標【NG例】

- ・もし可愛い子がいたら友達になりたい。
- ・もし好みのタイプがいたら付き合いたい。
- ・話が合う子がいれば繋がっておきたい。
- ・暇で1人でいるよりは参加したほうがマシ。
- ・性欲が抑えきれない。マジでヤリてぇ。

▼

目的が曖昧、感情むき出しだと失敗しやすい。
成功の秘訣は「<u>節度のある明確な目標設定</u>」

たら友だちになりたい」、「もし好みのタイプがいたらつき合いたい」、「話が合う子がいればつながっておきたい」、「暇だから一人でいるよりは参加したほうがマシ」というように、非常にゆるーい感じで曖昧な場合がほとんどです。中には「性欲が抑えきれない。マジでヤリてぇ」というように、自分の欲望に忠実なため「今日は必ずお持ち帰りする」とギラつく奴もいます。このような状態だと、よい結果を出すことはできません。

では、どうすればよいか。答えは簡単です。成功の秘訣は「節度のある明確な目標」を設定することが望ましいのです。

具体的には、「もし可愛い子がいたら友だちになりたい」ではなく、「必ず一人は友だちをつくる」というように、具体的な数値（人数）を含めた目標にしましょう。その子が可愛くなかったとしても、その周囲にいる友達は可愛いかもしれませんし、その友だちの友だちに好みのタイプがいるかもしれません。可能性は無限です。自らその可能性を狭めることは避けたいものです。

次に、「もし好みのタイプがいたら……」ではなく、「愛想のよいブス」を選ぶべきです。愛想のよい子はいろいろな人から愛されやすいキャラです。しかも比較的、性格のよい子が多いので、仲良くなってしまえば、外見だけではなく中身も、自分にぴったり合う女性を紹介してくれるかもしれません。

合コンでは自分を偽る女性がほとんどです。初対面ならなおさらです。好みのタイプだと思ってアプローチしてみたものの、仲良くなってみると全然違うタイプだった、とか、外見はタイプだけど性格がクソだった、というようなことがよくあります。性格の悪いクソ女を引いてしまうと、周囲から見たら「あんなクソ女に言い寄るなんて、あいつもクソだな」なんて思われてしまい、自分では気がつかない間に損をしてしまうこともあるので注意が必要です。

また、「愛想のよいブス」は今までの人生で「嫌な経験」をしている可能性が高く、前章で述べたとおり「淫乱」の可能性が高いので、ベッドインまでの期間が短くて済む、楽しいセックスができる、そんな可能性が高いので、結果を出したいと思う人は迷わず「愛想の良いブス」を選ぶべきです。

続いて、「話が合う子がいればつながっておきたい」ではなく、どうせなら少々ウザめの子を選ぶとよいでしょう。ウザい子の周囲にはよい友だちはほとんどいません。ウザいので。そのため、心を割って相談する相手など、ほとんどいません。孤独なのです。孤独だからこそ、他者に依存してしまう、かまってもらうために面倒な態度をとってしまう、だからウザいのです。ウザい子は承認欲求の塊なので、その子の発言を肯定、同調、共感してあげるだけで、早

望ましい合コンの目標

- ~~もし可愛い子がいたら~~　⇒必ず1人は友達を作る。
- ~~もし好みのタイプがいたら~~　⇒愛想の良いブスにする。
- ~~話が合う子がいれば~~　⇒少々ウザめの女を選ぶ。
- ~~暇で1人でいるよりは・・・~~　⇒チンコでも握ってろ！
- ~~性欲が・・。マジでヤリてぇ。~~　←オナニーで冷静になれ！

戦略的で分かりやすく、充分に達成可能な数値を入れた目標を立てましょう！

い段階でベッドイン可能です。まぁ、そのあとが面倒ではありますが。

仮に冷たくあしらったとしても、特に周囲から文句を言われることはありません。皆、ウザいと思っているので（笑）。

次に、「暇だから一人でいるよりは参加したほうがマシ」という人は、なかなか結果を出すことはできません。消極的な姿勢で参加しても、明確な目標を持った前向きな人には勝てっこありません。まずは、その消極的な考え方を改めるところからです。それができない場合は、家でおとなしくチンコを握っていたほうがよいと思います。

そして最後に、「性欲が抑えきれない。マジでヤリてぇ」という人は、まず参加する前にオナニーをして、いったん落ち着きを取り戻しましょう。ギラついた瞬間に終わりです。まずは冷静さを取り戻した状態でプランを立てましょう。

それでもヤリたい場合はソープに行くことがベストです。お金がない場合は、動けなくなるまでオナニーをしましょう。新たに何か見えるものがあるかもしれません。何でも極めることは大切なことです。

このように、合コンに参加する際は「戦略的でわかりやすく、充分に達成可能な数値を入れた目標」を立てましょう。

ちなみに、僕は無性にヤりたいときだけでなく、「もしかしたら、この人好きかも」と思うときにも、いったん落ち着くためにオナニーをしてみます。今まで好きだと思ってドキドキしていたのに、オナニーをしてみると、まったく何とも思わなくなります。そういう場合は、好きなのではなく、ただ本能的に「欲しい」だけなのです。

オナニーをしても、まだドキドキが止まらない場合は、おそらく「恋」のはじまりです。その相手を大切にしましょう。

結果を出すための心構え

「皆さんは、たった数分のやり取りで、目の前の相手から興味を得られていますか」

　これは合コンに参加する男性陣に必ず投げかける質問ですが、自信を持って挙手をしてくれる男性は、全体の二割もいません。

　合コンをする場合、「初めまして」から、相手からの興味を得るまでにかかる時間は非常に重要です。そもそも興味が持てない相手のことなど、記憶に残りませんし、興味のない相手のチンコを欲しいなどとは思いません。相手に興味を持たせるスピードが速い人ほど、結果を出す能力が高いといえます。

　合コン相手から、早い段階で興味を持っても

結果を出すために必要な3つの要素

①考え方（相手に貢献する気持ち）

②知　識（ウケる話題や情報）

③スキル（ライバルとの差別化を）

何か1つでも欠けてしまうと
ヤれる可能性が大きく低下してしまう！

らうためには、まず、「結果を出すために必要な3つの要素」をおさえておく必要があります。それは、①考え方（相手に貢献するという気持ち）、②知識（ウケる話題、情報を用意しましょう）、③スキル（スキルによってライバルとの差別化を図る）です。

この3つのポイントのうち、何か一つでも欠けてしまうと、ベッドインできる可能性が大きく低下してしまいます。

この3つの中で最も重要なのが「考え方」です。たとえどんなに豊富な知識があり、どんなにスキルが高くても、この考え方が大きくズレていると、ベッドインはおろか、嫌われてしまう可能性があります。

たとえば、相手に貢献する気持ちを持った、とにかく優しい男性が合コンに参加した場合、たとえ楽しい話題が少なかったり、コミュニケーションの取り方が下手だったとしても、相手からすれば、たいしたリスクにはなりません。場合によっては「話はあまりおもしろくないけど、こちらのことを思って親身に対応してくれようとしているんだなぁ」と、好感を持ってもらえるかもしれません。

その一方で、最近の流行りの情報やおもしろい話題など、知識や女性経験が豊富な男性が、圧倒的に相手の女性を見下したような言動をとった場合、おそらく瞬間的に嫌われてしまうでしょう。その様子を見た女性陣が全員帰ってしまう恐れもありますし、なぜあんな奴を呼んだのか、と主催者は問い詰められるかもしれません。

これはとても極端な例ですが、「考え方」ひとつで、結果は大きく変わるということがおわかりいただけたと思います。

では、この3つの要素について、それぞれ細かく見ていきましょう。

まず、「考え方」についてですが、大前提として「まずは相手に貢献する」という気持ちが大切です。

具体的には、「真摯な対応を心がける（気配り）」「とにかく親身になって聴く（寄り添う）」

ポイント①：考え方

□相手に「貢献する」という気持ち

- 真摯な対応を心がける。（気配り）
- とにかく親身になって聞く。（寄り添う）
- ニーズや悩みを聞いてあげる。（傾聴）

とにかく最初は自分の目的は後回し！
まずは相手を知ることに専念しましょう。

「現状の不満、課題、ニーズを聞いてあげる（傾聴）」ということです。

合コンとなると、ついつい、自分自身のアピールや、自分主導の話をしたくなりますが、自己紹介程度に留めて、ぐっとこらえましょう。とにかく最初は、自分のことは後回しです。まずは「目の前の相手に貢献するためには、何をすれば喜ぶだろう」という気持ちで接することで、相手の状況や、必要としていることが、自然と見えてきます。


次に「知識」についてです。

極力、その合コンに参加している人にウケる話題、最近の流行りの情報などを用意しましょう。その際は、「相手に合わせた話題を用意する」、「エロネタを最低1時間分は用意する」、「過去の失敗話を笑顔で話せるようにする」という3つのポイントをおさええましょう。

参加者の年代によって、話題は大きく異なります。当然ですが、自分のわからない話題ばかりだと退屈してしまいます。参加者の年齢に、前後3年くらいに流行ったモノや時事ネタなどがあれば問題ないと思います。そのためにも、事前に参加者全員の年齢を確認しておく必要があります。

どの年代にも共通して笑いが起こるのが「下ネタ」です。当たり前ですが、いきなりキツイ下ネタをぶっこんでしまうと引かれる可能性があるので、「SとMどっち?」という感じで、比較的ライトな話題から入ると無難です。あとは勝手に参加者同士が下ネタで盛り上がり始めるので、その度合いに合わせて話題を提供してあげればＯＫです。１時間は話し続けられるくらいの話題を用意しておけば、ネタ切れにならないのでちょうどいいかと思います。

参加者によっては下ネタＮＧなんていう人もいますが、そんなのウソ。建前です。下ネタがまったくダメな人は合コンなんかに来ません。もし、いたとしてもライトなネタであれば、嫌われることはありません。だいたい大丈夫です。

また、話を盛りあげるためには、過去の自分の失敗談を入れると効果的です。なんだかんだ言って、人は他人の失敗が好きな生き物なのです。自慢話をされると嫌われますが、自分の過去の失敗した話をすることによって、なぜか相

ポイント②：知識

ロウケる話題、情報を用意しましょう！

- **相手に合わせた話題を用意する。**
- **エロネタを最低1時間分は用意する。**
- **過去の失敗話を笑顔で話せるように！**

ますは相手を楽しませられるかどうかが、自分の生きている価値だと思ってください。

手との距離がぐっと縮まります。さらに、失敗談と下ネタを組み合わせることによって、笑いの破壊力は数倍にふくれ上がります。

とにかく、目の前の相手、周囲の参加者が、いかに楽しむことができるか。それが最も重要です。自分が率先して楽しむのではなく、みんなが楽しむ姿を見て、自分が楽しむ、というスタンスが望ましいといえます。

最後に3つめの「スキル」について。

これは他者との差別化を図るために必要な、コミュニケーション力を磨くことを指します。具体的には「相手の話を聞く姿勢(傾聴力)を磨く」、「質問する(話を掘り下げる)力を磨く」「声のトーン、強弱、(間)を意識する」などです。

コミュニケーション力=話し上手、と勘違いしている人が多いのですが、そうではありません。コミュニケーションにおいて最も重要なのは、相手の話を聞く力、つまり傾聴力なのです。

合コンに参加したあとに、「あー、今日は楽しかった」と思うときは、たいていの場合、自分の話を肯定してくれた、共感してくれた、笑顔でうんうんと話を聞いてくれたとき、つまり、相手がしっかりと話を聞いてくれたときがほとんどです。モデルのようなきれいな女性に対して、一方的に話かけるよりも、少しくらいブスでも愛想のよい女性が、自分の話をうんうんと笑顔で聞いてくれて、「私もそう思う！」「えーすごい！」と自分の話を肯定、同調、共感してくれたときのほうが、「あー、今日は楽しかった」となりやすいのです。

また、話をする時はゆっくり、ていねいに……なんて言われることがありますが、それは間違いです。もちろん、間をあける、声の強弱をつける、など、相手により伝わるよう工夫は必要ですが、重要なのは「相手のコミュニケーションスタイルに合わせる」ということです。

たとえば、せっかちな人に対して、ゆっくり、ていねいに話をすると、相手は「じれったい」と感じてしまい、最後まで話を聞いてもらえません。そのため、常に結論から伝えるよう意識をし、細かな説明が必要な場合もダラダラ話さずに、要点を簡潔に伝えるよう心がける必要が

ポイント③：スキル

□スキルでライバルとの差別化を！

- **相手の話を聞く姿勢（傾聴力）を磨く。**
- **質問力（掘り下げる）を磨く。**
- **声のトーン、強弱、「間」を意識する。**

合コン時の男子メンバーは「仲間」です。
ライバルとは女子が過去に会った男です！

あります。

その一方で、おっとりとした優しい雰囲気の人に対しては、ゆっくりと穏やかな口調を心がける必要があります。早い口調でテンポよく話を進めてしまうと、「早口でまくしたてられている」という印象を与える可能性があります。

このように、相手のスタイルに合わせた対応をすることが、とても重要です。


合コンは、必ずしも仲良しメンバーで構成されるとは限りません。初めまして同士で同じ席になることもあります。しかしだからと言って、周囲の男性が皆ライバル、というわけではありません。同じ席に着いた男性陣を見てみると、話が上手な人、とにかく聞き上手な人、よく気が利く人、とにかく表情やジャスチャーがオーバーでおもしろい人、口下手だけど、いじると力を発揮する人など、いろいろなタイプの人がいて、それぞれ特技があります。大切なのは、それぞれの特技を生かし合い、その合コンを成功させることです。「今回の合コンすごく楽しかった」と、思わせることができれば、次につながります。そのまま2次会に行ってもいいですし、日をあらためて2人で会ってもいいですし、同じメンバーでまた飲み会をやってもいいと思います。

とにかく重要なのは、目の前の男性メンバーは仲間であり、ライバルではないということ。

ライバルは相手の女性が過去に会ってきた男性です。過去の敵を倒すために、自分一人でがんばるのではなく、今いるメンバーで力を合わせることが、目的を果たすための必要な要素の一つだといえるのです。

傾聴を極めると女が勝手に股を開く

自分が一生懸命に話をしているときに、目の前の相手が無関心に見えた場合、皆さんはどのような気持ちになるでしょうか。おそらく一分もたたないうちに、その話題を変えるか、話をする気自体が失せてしまい、黙ってしまうかもしれません。

合コンに参加する目的は、「出会ってから最短でベッドインする」ことです。そのためには、相手に好印象を与えて、いち早く自分に興味を持ってもらう必要があります。それなのに、相手の話に対してのリアクションが薄い、表情が硬いために悪い印象を与えてしまう、ということがあっては話になりません。

自然な笑顔で、多少オーバー気味なリアクションを取るくらいが、相手にとってはちょうどよく見えるのです。

傾聴がしっかりできていれば、自然と相手の口数は増えます。その話をしっかりと肯定し、同調し、共感を示すことによって、よりたくさんの情報を聞き出すことができます。

あとは得られた情報から、相手が興味関心を持っていることに対して、話題や情報を提供してあげることによって、「この人の話はおもしろい」、「この人とは合うかもしれない」、「この人いい感じだなぁ」というように、勝手に相手から好感を得られます。この好感の度合いが大きければ大きい程、ベッドインの可能性が上がります。

もしできれば、一度でいいので、相手の話を聞くときの、自分のいつも通りのリアクションを動画に撮ってみてください。ほとんどの人が、リアクションが薄い、なんか顔が怖い、表情が暗い、声が低い、というように、〝自分自身が思っているよりもはるかに感じが悪く見える〟ということに気がつきます。もし、そうであれば、〝第一印象で損をしている〟ということになります。次の合コンに参加する前に修正をしましょう。

傾聴の大切さを他の視点からも見てみましょう。

ある歯科医院の患者アンケートを見てみると、「うなずきながら聞いてくれた」、「こちらの訴えを要約してくれた」、「訴えに共感を示した」、「会話を続けるように促された」というように、傾聴することによって満足度が上昇していることがわかります。

その一方で、「会話をさえぎられた」というだけ、つまり、傾聴しないというだけで不満が増大していることがわかります。

僕が仕事でお手伝いさせていただいていた歯科医院は、問診時にしっかりと患者の顔を見て話を聞く、つまり、傾聴することを義務化していました。それによって、この歯科医院は「症状をしっかり聞いてから治療してくれる」というクチコミが広がりました。そして次第に「患者の症状に合わせた治療をしてくれる」という噂に変化しはじめ、いつの間にか、「あそこにある歯医者さん、すごい名医なんだってさ。一人ひとりの患者の症状や状態によって治療を変えてくれるんだって。すごいよね」という内容に変わっていきました。

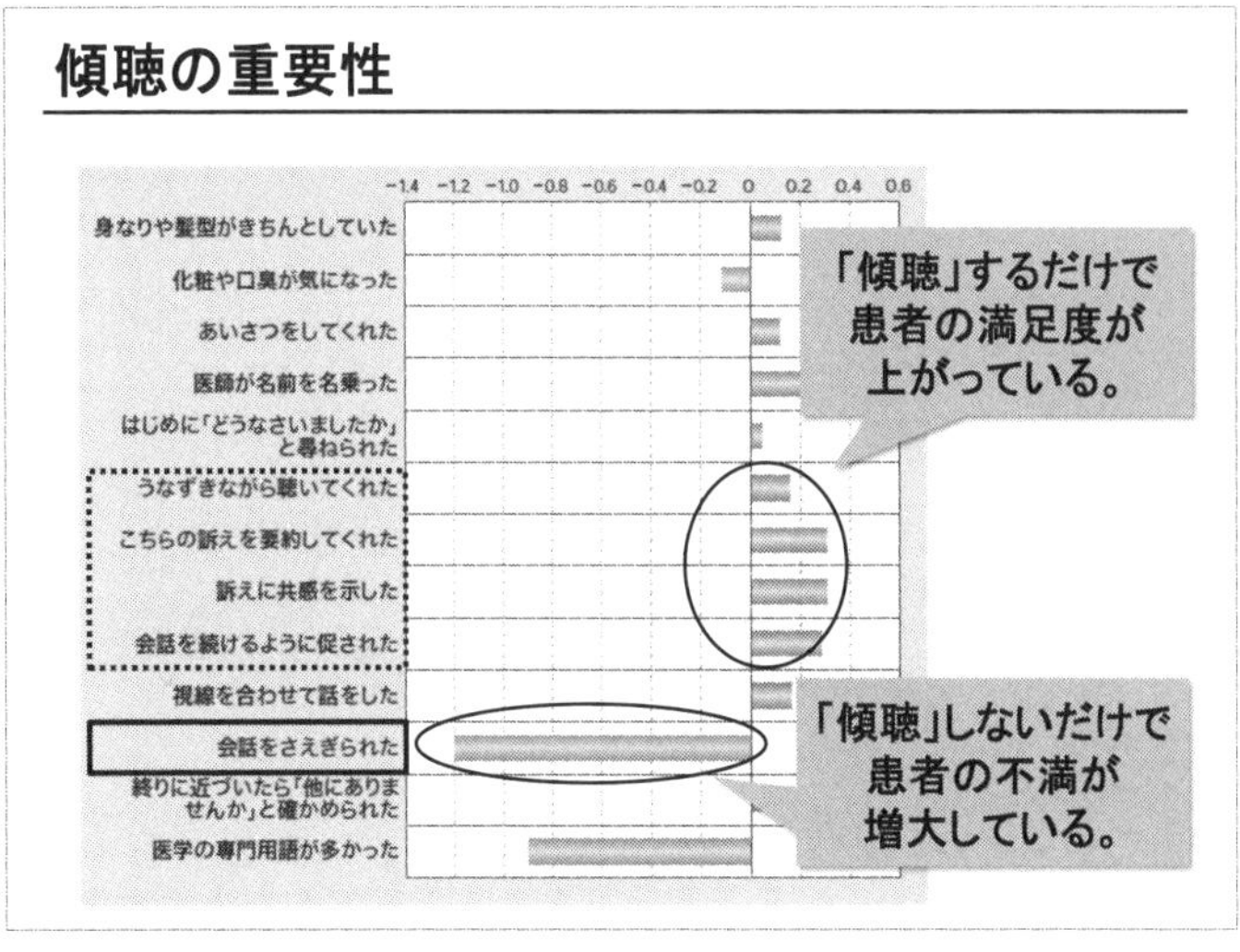

これは、傾聴することが〝結果的に売上増加に直結する〟というよい事例なのですが、同時に、クチコミのよいところであり、怖いところでもあります。

しっかり傾聴することによって、歯科医院だけでなく、どのような場面においても、相手に好印象を与えることができます。特に合コンにおいては、相手に好印象を与えるスピードが何より大切です。

合コン2時間のうち、最初の15分でそれができれば、残りの時間を相手との関係構築に使うことができます。そして2時間が経過する頃には「この人と話すの楽しい。もっと仲良くなりたい」という状態に持っていけます。そうなれば、2次会に連れていくのもよいですし、店を出て2人だけの時間を楽しむのもよいですし、ホテルや自宅に行って、熱い夜を過ごすのもよし。選択肢が広がります。

傾聴を軽視している人は、しばらくの間、女性を楽しませようと、一生懸命しゃべり続けます。相手にとって、〝その話がおもしろければ、楽しい人〟、〝話の内容が合わなければ、よくしゃべるつまらない人〟となってしまいます。このような状態になってしまうと、ベッドインまでの道のりは、とても険しく、厳しいものになってしまいます。

このように、傾聴に力を入れるだけで結果は大きく変化します。傾聴を極めることで、女性の方から勝手に股を開くようになる、といっても過言ではありません。

モテる男に共通する「コミュニケーション」

たとえどんなに寂しかったとしても、どんなにヤりたかったとしても、合コンに参加した瞬間に、「初めまして。ぜひ、あなたと一夜を共にしたいのですが、いかがなもんでしょうか」や、「こんばんは。この合コンが終わったあと、ホテルか僕の部屋でペチペチしませんか」とか、「僕のシルバーチャリオッツで、君のめしべを貫いてもいいかい」などと、いきなりクロージングをかけてしまう人は、ほとんどいないと思います。

コミュニケーションには、「理想の流れ」や「正しい割合」というものがあります。特に意識をしていなかったとしても、その通りにできているときは、円滑にコミュニケーションが取れていることがほとんどです。当然ですが、そのような状況であれば、出会ってからベッドインまで最短で持っていくことができます。

モテる男性のコミュニケーションの取り方をよく見てみると、この「理想の流れ」や「正しい割合」のルールがしっかり守られています。

コミュニケーションの理想の流れ

▼A：Approach（アプローチ）
⇒ご挨拶、自己紹介、アイスブレイクなど

▼H：Hearing（ヒアリング）
⇒相手の背景、興味・関心、ニーズを聴き出す

▼P：Proposal（提案する）
⇒相手に合わせて情報の提供や提案をする

▼C：Closing（クロージング）
⇒相手の意思確認、意思決定を促す

しかし、その一方で、「理想の流れ」の順序を間違えてしまったり、「正しい割合」のバランスが崩れてしまうと、せっかく序盤で好印象を与えていたとしても、望むような結果にはなりません。

この図のとおり、人と会った際は、アプローチ（Approach）から入ります。特に初対面においては、「元気よく笑顔で」を心がけて挨拶を交わしましょう。それによって、「とても感じのよい人だなぁ」とか「なんか親しみやすそうな人だな」と、相手に好印象を与えることができます。基本的なことですが、「好印象を与える」ということは非常に大切です。

また、自己紹介では、必要に応じて笑いを交えることで、周囲のメンバーが話しやすい雰囲

気をつくります。これによって、参加者の緊張がほぐれるため、早い段階で合コンが盛り上がりやすくなります。

続いて、好印象を与えた状態で、ヒアリング（Hearing）に移ります。

ヒアリングの目的は、相手の背景、興味・関心、ニーズを把握し、合コンが終わったあとの、個別提案につなげるためです。そのためには「笑顔でハキハキ、オーバーリアクション」を心がけて、相手の話をしっかりと肯定します。そして話の内容に合わせて、笑ったり、辛そうな顔をしたりと、相手の感情に寄り添います。それによって、相手は話すこと自体が楽しくなるため、自分の情報をたくさん話してくれるようになります。話をする割合としては7〜8割は相手、自分は2〜3割程度になっている状態がベストです。

ヒアリングは「相手が気持ちよく話ができる環境を整える」ということがとても重要です。ヒアリングに力を入れろと言われたからといって、相手にたくさんの質問を投げかけてしまうと、ヒアリングではなく〝尋問〟になってしまいますので、そうならないように気をつけましょう。

ヒアリングが成功すれば、この時点で相手には「私の話をしっかり聞いてくれているなぁ」や「なんか気が合うなぁ」という感情が芽生え始めます。相手によっては「聞いてくれている」

＝「理解してくれている」が、次第に「信頼できる」に変化していく場合もあります。

このように、たとえどんなに口下手でも、人見知りでも、コミュニケーションに自信がなかったとしても、しっかりヒアリングさえできれば、ほとんど話をしなくても「気が合う」と思わせることができるのです。


続いて、「気が合う」「理解してくれる」「信頼できるかも」という状態で、提案（Proposal）に移ります。

ヒアリングでたくさんの情報を引き出せていれば、この時点で、相手のことをある程度、把握できているはずです。あとは相手にとってプラスになるであろう情報の提供や、相手の悩みや課題があれば、その解決策や、ヒントを与えるだけです。それにより「私のことを理解してくれているんだなぁ」や「この人の言うことなら間違いないかもしれない」というように、相手から「好意」を持たれるようになります。

この際に気をつけたいのは、ヒアリングの割合が7～8割に対して、提案の割合は1～2割程度に抑えるということです。この割合を増やしてしまうと、相手からすると、情報量が多すぎて整理できなくなってしまう恐れがあり、その度合によっては「押しつけがましい」という印象を与えてしまう可能性もあるので、注意が必要です。

そしていよいよ、クロージング（Closing）に移ります。

クロージングの目的は相手の意思決定を促す、または意思確認のための作業です。ここまでの流れによって、既に相手から好意を持たれている状態ですので、クロージングに時間をかける必要はありません。シンプルに「いかがですか」のひとことで充分です。割合としては全体の1割程度を意識しましょう。

すると相手は、「この人ならこのあと、一緒に行ってもいいかも」、「この人なら私の寂しさを解消できるかも」、「この人、なぜか私の股間を熱くするの……」というような気持ちになりやすくなる。つまり、股をひらく可能性が上がるということになります。

この際、「このあと2人きりになりたい」、「絶対に連絡先をゲットしたい」、「このままホテルに連れていきたい」というように、自分の欲求を果したい！という気持ちから、焦ってしまい、クロージングに力を入れすぎると、「強引」な印象を与えてしまいます。そうなった瞬間に相手は引いてしまいます。気が弱い相手の場合は、断り切れずに、何とかなる可能性もありますが、悪い噂が立ってしまったり、あとから何かと問題になる可能性があるので、強引なクロージングは避けたいものです。

ここまでをまとめたものが、図9の「理想のコミュニケーション術」です。合コンのように

理想のコミュニケーション術

A	①ご挨拶（元気よく笑顔で）		
H	②笑顔でハキハキ！	7割	
	③オーバーリアクション		
	④相手に話をさせる（7～8割は相手）		
	⑤相手の話を肯定・同調する		
P	⑥相手が喜びそうな情報を与える	2割	
C	⑦次回のお誘い（いかがでしょう？）	1割	

電話の場合は、声のトーンを1.5段階
リアクションの度合いを2倍に上げる

実際に会って話すときは、このような流れ・割合が望ましいのですが、電話の場合は少し異なります。電話の場合は、相手の視覚情報がありません。表情やジャスチャーが伝わらないので、通常のリアクションのままだと、少し感じが悪く聞こえてしまう場合があります。

そのため、いつもよりも声のトーンを1.5段階上げる、リアクションの度合いは通常の2倍を意識する、というだけでも、相手へ与える印象がよくなります。

合コンが終わって解散になってしまったあと、電話でアプローチをする際にはこれを意識するようにしてください。

モテる男性は、実は、自分でも気づかないうちに、この「理想のコミュニケーション」を取っているものです。

もし、今までの合コンでうまくいかなかった経験がある方は、そのときの自分のコミュニケーションを思い出してみてください。アプローチ、ヒアリング、提案、クロージングの、どこかのバランスが崩れてしまっているのだと考えられます。

また、これは合コンや女性を口説く場合だけに限らず、部下との面談も、家族や友人との会話も、恋人や夫婦での会話など、すべてのコミュニケーションに共通しています。

たとえば、とても仲のよかった同級生と、偶然、街中でバッタリ会ったときのことを想像してみてください。おそらく「うわぁ、久しぶり！　元気ぃ？　何年ぶりだろ」というように、満面の笑顔で元気よくハキハキと話しかけます。

そして、「まだこの辺に住んでいるの？　仕事は順調？」というように自然とヒアリングを開始します。そして、「うんうんわかるー。会社の飲み会とかマジで面倒だよねー」というように、少しオーバーなリアクションを取りながら、相手の話を肯定、同調します。そして相手の話を自分のことのように共感を示します。久々の再会なので、なかなか話は尽きません。

ひとしきり盛り上がったところで、「そういえばイタリアン好きだったよね。コスパよくておいしい店が近くにできたんだけどさ、来週末あたりに一緒にいかない？」と相手の好みに合わせて提案をします。

そして「じゃぁ、当日、仕事終わる時間がわかったら連絡するね。またねー」と、会話をクローズします。

このように、コミュニケーションには理想の流れや割合がありますが、特に難しいことはありません。基本的には誰でも簡単にできる「当たり前」のことばかりです。この当たり前のことを、いつでも、どのような状況でも、自然にできるようになるためには、意識するだけではなく、実際に何度も何度も繰り返して身につけるしかありません。

コミュニケーションに関して天性の素質を持っている人は稀です。モテる男性はコミュニケーションのセンスがよいのではなく、見えないところで、しっかり努力をしているのです。

股をひらくスピードを上げる秘訣

これまでにご紹介した方法を身につけることによって、合コンだけではなく、さまざまな場面で、さまざまなタイプの女性とベッドインが可能になりますが、さらに短時間で、さらに可能性を上げるための方法を、特別にお教えします（笑）。

レベルは3段階に分かれており、まずはレベル1の段階です。

この段階では、とにかく、相手の話を肯定・同調します。そして、相手に合わせて同じリアクションを取ります。自分は相手の鏡だと思ってください。相手が笑えば一緒に笑う。辛い顔をしたら辛い顔。相手がお酒を一口飲んだら、自分も一口飲む。というような感じです。これは【ミラーリング効果】といって、よく心理学で使われる言葉で「同調効果」または「姿勢反響」ともいわれます。これによって、《自分と同じような仕草や表情を行なう相手に好感を抱きやすい》という効果があります。

そして、何に対しても、必ず笑顔で「ありがとう！」を添えましょう。「ありがとう」は魔法の言葉です。言われて嫌になる人はいません。

股をひらくスピードを上げる秘訣

①とにかく相手の話を肯定・同調する。 ②相手に合わせて同じリアクション。 ③何に対しても、必ず笑顔で「ありがとう！」	Level①
④視線が合う子の横50cmの距離を保つ。 ⑤ボディタッチは最初は「手の甲」で肩を。	Level②
⑥相手が受け入れたら「手のひら」に変更。 ⑦1回だけ褒める。〇〇ちゃんの笑顔いいね！	Level③

※褒める時は直接ではなく離席中に。周りに同意を求める。

ターゲットの女性からのボディタッチが増えたら、あとは「タイミング」と「誘う勇気」だけでOK！

飲み物をオーダーしてくれたとき、調味料を取ってくれたとき、料理を取り分けてくれたときなど、些細なことにも感謝を示しましょう。

続いてレベル2の段階に移ります。

この段階でベッドインの可能性が高い女性をロックオンして、一気に距離を縮めていきます。最初からターゲットを決めている場合は、速やかに隣の席に移動しましょう。まだターゲットが決まっていない場合は、周囲を見渡してください。そこで何度か視線が合う女性がいたら、その人をターゲットに定め、速やかに隣の席に移動してください。当然ですが、視線が合う回数が多い女性が、一番高い確率でイケます。

隣に移動したら、極力、その女性のヒジと自分のヒジがぶつかるくらいの距離、約50センチの距離を保ちましょう。通常、家族や恋人など、親しい人がこの距離にいることは許されますが、それ以外の人がこの距離に近づくとハッキリと不快に感じます。つまり、近づいても相手が不快感を示さなければ、ベッドインの可能性が高いといえるわけです。

ここまで来たらヤル気スイッチを押すためのスキンシップへ移行します。会話の流れに合わせて「なんでやねん」と突っ込みを入れる。「ねぇねぇ、何か食べたいものある?」と軽く肩をたたく。というように、「手の甲」によるボディタッチを増やしていきます。ここで相手が嫌がらなければ、レベル3の段階に移ります。

レベル3の段階では、スキンシップの方法を「手の甲」から、徐々に「手のひら」に変えていきます。

いきなりベタベタ触ると、さすがに気持ち悪いので、先程同様、「ねぇねぇ、何か食べたいものある?」、と気づかうフリをして、今度は「手のひら」で触る。という感じで、徐々に「手のひら」に移行します。ここで嫌がらなければ、ほぼイケると思って間違いありません。

あとはダメ押しです。ターゲットがトイレなどに離席したタイミングで、「○○ちゃんの笑顔、かわいいと思わない?」や、「俺、○○ちゃん、ぶっちゃけタイプかも」というように、本人がいないところで一回だけ褒めてください。そして、周りにも同意を求めることによって、自分の発言を印象付けてください。

これは、【ウィンザー効果】といって、《直接伝えるよりも、第三者を通して伝わったほうが、信頼性が増して素直に受け取れる》という効果です。

たとえば、部下や後輩から「○○さんのことをいつも尊敬しているんです。仕事もスムーズにこなせる○○さんみたいになりたいです!」と言われると、嫌な気分はしませんが、「大げさに言っているのかも?」などと、勘ぐってしまう人もいるかもしれません。

その一方で、「お前の部下のAが、お前のことを尊敬してるって言ってたよ。どんな仕事もスムーズにこなせる、お前みたいになりたいってさ」と、同僚を通してAさんのメッセージを耳にするほうが素直に受け取れますし、「Aは、そんなこと思ってくれていたんだ」と、素直に嬉しく感じると思います。

合コンなどの飲み会においては、このような「○○を気に入ってるアピール」をすることによって、不思議と周囲のメンバーも二人をくっつけようと協力的になることが多いので、そのあとの進行がとても楽になります。

ターゲットの女性からのボディタッチが増えてきたら、あとはタイミングを見て、次へのお誘いをする勇気だけです。

これらがスムーズにできるようになると、次の5つの効果があらわれます。

① 自分の愛想（第一印象）がとてもよくなる。
② どんなタイプの女性にも合わせられる。
③ 淫乱女性からのアプローチが増える。
④ 時間の経過と共に淫乱女性の股間が濡れてくる。
⑤ 気がつくとエロい視線を浴びている。

これにより、たまった（半年ほどヤってない）淫乱女性にとって、「股間を熱くするほど欲しい人」になることができます。ここまでくれば、もうクロージングなど必要ありません。受け入れてあげるだけです。

本書をご覧の皆さんには、ぜひ、このノウハウを活かして、僕の過去の試合を上回るほどの武勇伝をたくさんつくってほしいと思っています。

第五章

成功して性交したあとの５つの注意事項

注意事項①

女と寝ても女と眠るな
情が移る

女と寝る＝「抱く」のはいいですが、

一緒に眠るのは極力控えましょう。

眠る＝一夜（生活）を共にするという事。

女性は生活を共にすると「情」が移ります。

情が移ることによって、

離れる時にモメる可能性が高まります。

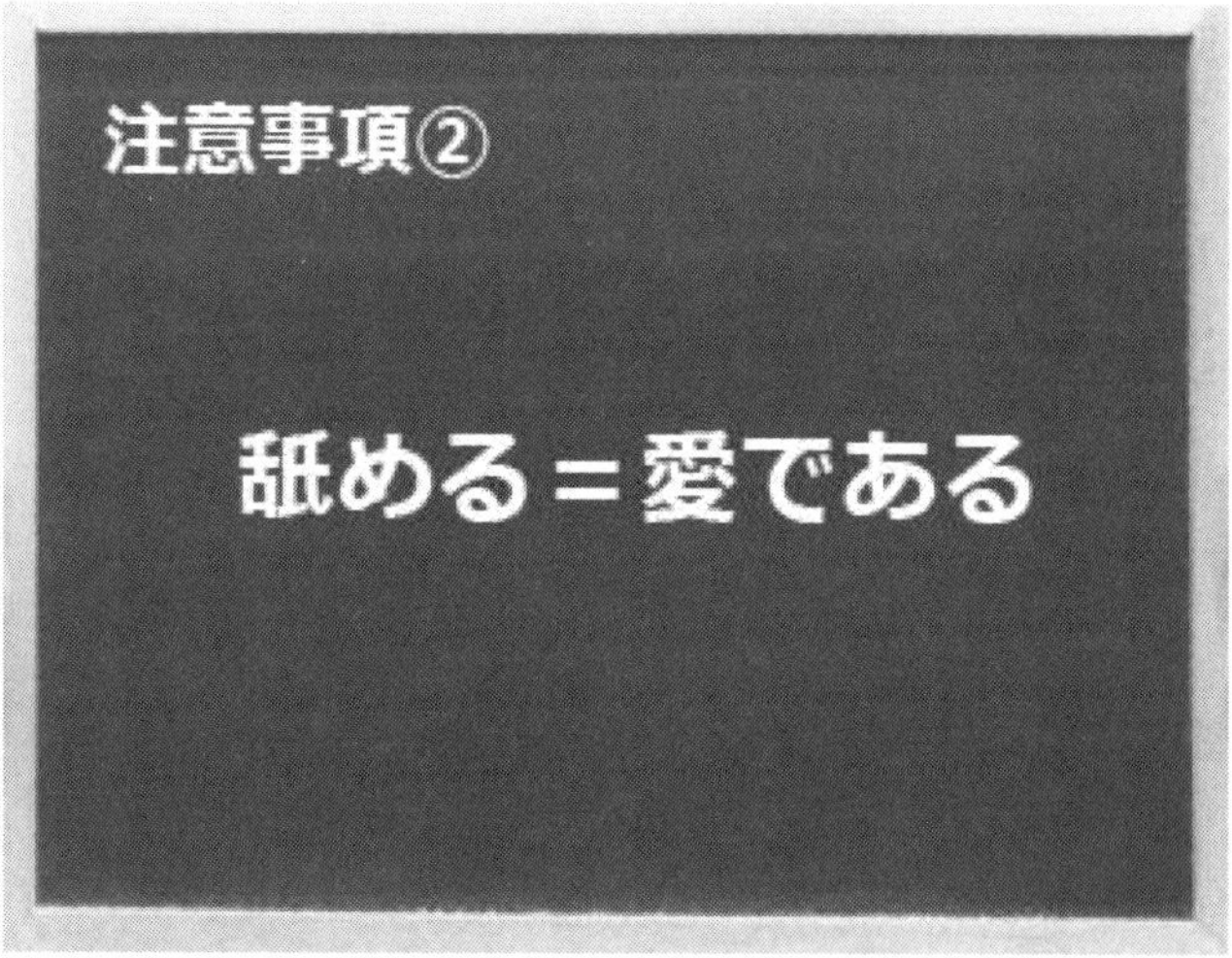

可能であれば「肛門」を舐めましょう！

時には嫌がる女性もいると思いますが、

必ず舐めましょう。

失敗すれば「肛門を舐めようとした変態」

舐めれば「あんなところまで舐めてくれた人」

舐めることで、心の中で愛に変わるのです。

注意事項③

1に体力,2に体力
3,4がなくて5に優しさだ

男は女性を満足させてこそ価値があります。

自分本位で抱くと確実に評価が下がります。

相手女性を喜ばせることができれば、

友人や同僚にそのクチコミが広がります。

すると、友人や同僚も抱ける可能性が上がります。

そのためには体力は必須！優しさも忘れずに！

注意事項④
愛していると3回言う間に
7回交われ

成り行きで付き合うこともあります。

愛を囁くだけではそのうち飽きられます。

女性の性欲を満足させることが円満の秘訣！

愛を伝える暇があるなら、さっさと風呂に入り、

さんざん舐め回して、ぶち込むのです！

抱くことで愛を表現しましょう！

注意事項⑤

**別れる時はナメクジが
這うように1ミリづつ
それが出来ないなら
女から別れさせろ**

別れを切り出す際、相手の愛情が深ければ
深いほどにモメます。罵詈雑言は当たり前。
別れる時は、少しずつ「すれ違いを作る」
「相手が自分を疑うような言動を繰り返す」等
時間をかけて「別れやすい環境を作る」か、
「相手から別れを切り出す」よう仕向けましょう。

おわりに

皆さん、本書はいかがでしたか。僕の予想では、読んでいる最中にニヤけてしまった人、おもわず吹き出してしまった人、全然違う場所で思い出し笑いしてしまった人、読みながらウンウンとうなずいてしまった人、なぜか激しく共感してしまった人、股間を熱くしてしまった人、一度僕に会ってみたいと思ってしまった人、僕とまたお酒を飲みに行きたいなーって思った人、それぞれいらっしゃると思いますが、本書を読んで、怒りで震えた人はいないんじゃないかなーって思います。

僕は、下ネタは最強のコミュニケーションツールだと思っています。どんなにつらい状況にいたとしても、悩んでいても、疲れていても、神経が張りつめていても、会話の中で、ふいに下ネタをぶっこまれて、思わず笑ってしまった……という経験をしたことのある人は、たくさんいるのではないでしょうか。

また、「笑う門には福来たる」ということわざがありますが、まさにその通りで、いつもにこやかに笑っている人の家には、自然に幸福がやってくる、と僕は本気で思っています。

合コンだけではなく、日常生活においても、必要な3つの要素（特に考え方）、コミュニケーションの理想の流れ、コミュニケーションの割合を、意識しなくても自然にできるようになれば、気がつくと、自分の周囲は笑顔であふれかえっています。

笑顔に包まれると次第に、心が豊かになっていきます。そして、いつのまにか、自分の周りには「心の豊かな人」が集まってきます。心の豊かな人が集まると、当然、人生が望む方向に進み出し、毎日幸せを感じながら過ごすことができます。

そんな「心の豊かな人」を増やすためにも、本書を通じて、究極の恋愛メソッド「ＥＬＭ」（エッセンシャル・ラブ・メソッド）を広めていきたいと思っています。

当面は、日本の少子高齢化を少しでも食い止めるためにも、エロに特化したノウハウから広めていきます。近々オンラインサロンを立ち上げますので、男女関係なく、魅力的なオトナになりたいと思っている人は、ぜひ、コンテンツをご覧ください。本書を購入していただいた方は「特別価格」とさせていただきます（笑）。

最後までお読みいただきまして、誠にありがとうございました。

２０２０年９月

天川夢太

参考文献

『ＡＩ新時代を生き抜くコミュニケーション術』大村亮介著　日本地域社会研究所　２０１９年
『女喰い』　広山義慶著　祥伝社文庫　１９９８年
『枕草子』　清少納言著　１００１年
『魏志倭人伝』　陳寿著　２８０年（呉の滅亡）

著者紹介
天川夢太（あまかわ・ゆめた）
自分の過去の恋愛、SEX、挫折、成功体験をもとにした、究極の恋愛メソッド「ELM」（エッセンシャル・ラブ・メソッド）によって、世の中の女性を癒すために、「股間を熱く」をモットーに活動。2016 年、日本の少子高齢化を食い止めるために立ちあがり、婚活者のサポートを開始。現在は「日本の男子肉食計画」によって、多くの男性を奮いたたせている。

性交哲学《せいこうてつがく》

2020 年 10 月 2 日　第 1 刷発行

著　者　天川夢太《あまかわゆめた》
編　集　前野茂雄
発行者　落合英秋
発行所　株式会社 日本地域社会研究所
〒 167-0043　東京都杉並区上荻 1-25-1
TEL（03）5397-1231（代表）
FAX（03）5397-1237
メールアドレス　tps@n-chiken.com
ホームページ　http://www.n-chiken.com
郵便振替口座　00150-1-41143
印刷所　中央精版印刷株式会社

ISBN978-4-89022-266-7

日本地域社会研究所の好評図書

三つ子になった雲 難病とたたかった子どもの物語 新装版

船後靖彦・文／金子礼・絵…ＭＬＤという難病に苦しみながら、治療法が開発されないまま亡くなった少女とその家族をモデルに、重度の障害をかかえながら国会議員になった船後靖彦が、口でパソコンを操作して書いた物語。

Ａ5判上製36頁／1400円

思いつき・ヒラメキがお金になる！ 簡単！ドリル式で特許願書がひとりで書ける

中本繁実著…「固い頭」を「軟らかい頭」にかえよう！小さな思いつきが、努力次第で特許商品になるかも。出願、売り込みまでの方法をわかりやすく解説した成功への道しるべともいえる1冊。

Ａ5判223頁／1900円

誰でも上手にイラストが描ける！基礎とコツ 優れワザ 知っておけば絶対トクする

阪尾真由美著／中本繁実監修…絵を描きたいけれど、どう描けばよいのかわからない。または、描きたいものがあるけれどうまく描けないという人のために、描けるようになる方法を簡単にわかりやすく解説してくれるうれしい指南書！

Ａ5判227頁／1900円

子ども地球歳時記 ハイクが新しい世界をつくる

柴生田俊一著…『地球歳時記』なる本を読んだ著者は、短い詩を作ることが子どもたちの想像力を刺激し、精神的緊張と注意力を目覚めさせるということに驚きと感銘を受けた。ＪＡＬハイク・プロジェクト50年超の軌跡を描いた話題の書。

Ａ5判229頁／1800円

神になった猫 天空を駆け回る

一般社団法人ザ・コミュニティ編／大泉洋子・文…ゆくえの知れぬ主人をさがしてさまよい歩き、荻窪から飯田橋へ。たどり着いた街でたくさんの人に愛されて、天寿（享年26）をまっとうした奇跡の猫の物語。

Ａ5判54頁／1000円

次代に伝えたい日本文化の光と影

三浦清一郎著…新しい元号に「和」が戻った。「和」を重んじ競争を嫌う日本文化に、実力主義や経済格差が入り込み、歪みが生じている現代をどう生きていけばよいのか。その道標となる書。

46判134頁／1400円

日本地域社会研究所の好評図書

知識・知恵・素敵なアイデアをお金にする教科書
億万長者も夢じゃない！
中本繁実著…あなたのアイデアが莫大な利益を生むかも……。発想法、作品の作り方、アイデアを保護する知的財産権の取り方までをやさしく解説。発明・アイデア・特許に関する疑問の答えがここにある。
46判180頁／1680円

AI新時代を生き抜くコミュニケーション術
大村亮介編著…世の中のAI化がすすむ今、営業・接客などの販売職、管理職をはじめ、学校や地域の活動など、さまざまな場所で役に立つコミュニケーション術をわかりやすく解説したテキストにもなる1冊。
46判157頁／1500円

誰でも発明家になれる！
できることをコツコツ積み重ねれば道は開く
中本繁実著…自分のアイデアやひらめきが発明品として認められ、製品になったら、それは最高なことである。誰にでも可能性は無限にある。発想力、創造力を磨いて、道をひらくための指南書。
46判216頁／1680円

人生遅咲きの時代　ニッポン長寿者列伝
久恒啓一編著…人生後半からひときわ輝きを放った81人の生き様は、新時代を生きる私たちに勇気を与えてくれる。長寿者から学ぶ「人生100年時代」の生き方読本。
46判246頁／2100円

現代医療の不都合な実態に迫る
患者本位の医療を確立するために
金屋隼斗著…高騰する医療費。競合する医療業界。増加する健康被害。国民の思いに寄り添えない医療の現実に正面から向き合い、現代医療の問題点を洗い出した渾身の書！
46判181頁／1500円

体験者が語る前立腺がんは怖くない
前立腺がん患者会編・中川恵一監修…ある日、突然、前立腺がんの宣告。頭に浮かぶのは仕事や家族のこと、そして治療法や治療費のこと。前立腺がんを働きながら治した普通の人たちの記録。
46判158頁／1280円

※表示価格はすべて本体価格です。別途、消費税が加算されます。